Studienbrief

der Trainerakademie Köln

des Deutschen Sportbundes

D1727385

Studienbriefe der Trainerakademie Köln e. V.

Bereits erschienen:

Studienbrief 1: Einführung in die Ausbildung von Trainern an der Trainerakademie (FRIEDRICH/GROSSER/R. PREISING)

Studienbrief 19: Trainingsplanung (STARISCHKA)

In Vorbereitung:

Studienbrief 2: Sport und Gesellschaft (W. PREISING)

Studienbrief 3: Wissenschaftliche Modelle zur Deutung der sportlichen Praxis (HAGEDORN)

Studienbrief 4: Pädagogische Grundlagen des Trainings (KURZ)

Studienbrief 5: Die Rolle des Trainers in der Öffentlichkeit (FRIEDRICH/FORNOFF)

Studienbrief 6: Funktionelle Anatomie (ZIMMERMANN)

Studienbrief 7: Sportverletzungen. Vorbeugen, Erste Hilfe und Wiederherstellung (HINRICHS)

Studienbrief 8: Energiestoffwechsel und medizinische Leistungsdiagnostik (HECK)

Studienbrief 9: Training, Grundlagen und Anpassungsprozesse (HOLLMANN)

Studienbrief 10: Ausgesuchte Kapitel: Gesundheit und Leistungssport (KASPRZAK/KLÜMPER)
Ernährung für Training und Wettkampf (KONOPKA)
Training und Wettkampf unter extremen Bedingungen (HOLLMANN)
Doping (DONIKE)

Studienbrief 11: Individuelle Voraussetzungen der sportlichen Leistung und Leistungsentwicklung (GABLER)

Studienbrief 12: Menschenführung und Gruppenprozesse (HUG)

Studienbrief 13: Individuelle Handlungsregulation von Athleten (EBERSPÄCHER)

Studienbrief 14: Grundlagen der Biomechanik (BAUMANN)

Studienbrief 15: Grundlagen der Statistik (FLEISCHER)

Studienbrief 16: Medien in Training und Wettkampf (HOMMEL/LUDWIG)

Studienbrief 17: Kontrollverfahren zur Leistungsoptimierung (GROSSER/NEUMAIER)

Studienbrief 18: Bedingungen des sportlichen Wettkampfs (BUDINGER/HAHN)

Studienbrief 20: Training der konditionellen Fähigkeiten (GROSSER)

Studienbrief 21: Bewegungslernen und Techniktraining (RIEDER/LEHNERTZ)

Studienbrief 22: Taktik im Sport (KERN)

Studienbrief 23: Training im Kindes- und Jugendalter (MARTIN)

Studienbrief 24: Talentsuche, Talentauswahl und Talentförderung (CARL)

Studienbrief der Trainerakademie Köln
des Deutschen Sportbundes

Studienbrief 19

Trainingsplanung

von Stephan Starischka

Hofmann-Verlag Schorndorf

CIP-Titelaufnahme der Deutschen Bibliothek

Starischka, Stephan:
Trainingsplanung / v. Stephan Starischka. — Schorndorf : Hofmann, 1988
  (Studienbrief der Trainerakademie Köln des Deutschen Sportbundes ; 19)
  ISBN 3-7780-8191-8
NE: Trainerakademie ⟨Köln⟩ : Studienbriefe der Trainerakademie ...

Bestellnummer 819

Herausgeber: Trainerakademie Köln e. V.

© 1988 by Verlag Karl Hofmann, 7060 Schorndorf

Redaktion: Rolf M. Kilzer

Gesamtherstellung in der Hausdruckerei des Hofmann-Verlags
Printed in Germany · ISBN 3-7780-8191-8

Inhaltsverzeichnis

1.	**Einführung**	7
1.1	Was ist und was will Trainingsplanung?	7
1.2	Ziele und Aufbau des Studienbriefes	8
2.	**Der Trainingsplan**	11
2.1	Vorbemerkung	11
2.2	Trainingsplantypen	12
2.2.1	Rahmenplan	12
2.2.2	Individueller Trainingsplan (Plantyp 1) und Gruppentrainingsplan (Plantyp 2)	13
2.2.3	Mehrjahrestrainingsplan (Trainingsstufenplan; Plantyp 3)	14
2.2.4	Jahrestrainingsplan (Plantyp 4)	17
2.2.5	Makrozyklusplan (Plantyp 5)	20
2.2.6	Wochentrainingsplan (Mikrozyklusplan, Operativplan; Plantyp 6)	21
2.2.7	Trainingseinheitenplan (Plantyp 7)	24
2.2.8	Übersichtsschema: Planung im langjährigen Trainingsprozeß	30
3.	**Zur Periodisierung des Trainingsprozesses**	31
3.1	Vorbemerkung	31
3.2	Periodisierung — Periodisierungsmodelle	32
3.2.1	Zur Struktur der Vorbereitungsperiode	33
3.2.2	Zur Struktur der Wettkampfperiode	35
3.2.3	Zur Struktur der Übergangsperiode	38
3.3	Zusammenfassung	39
4.	**Zur Methodik der Trainingsplanung**	43
4.1	Planungsphasen und Arbeitsschritte	43

4.2 Erläuterungen zu den Arbeitsschritten in den Planungsphasen der Trainingsplanung 45

4.2.1 Erläuterungen zu Schritt 1: Analyse des Istzustandes 45

4.2.2 Erläuterungen zu Schritt 2: Formulierung der Trainingsziele 46

4.2.3 Erläuterungen zu den Schritten 3 und 4: Festlegung und Gestaltung der Trainingsstruktur 46

4.2.3.1 Prinzip der optimalen Relation von Belastung und Erholung — Superkompensation 49

4.2.3.2 Prinzip der progressiven Belastung 57

4.2.3.3 Prinzip der Variation der Trainingsbelastung 59

4.2.3.4 Prinzip der optimalen Relation der Entwicklung der Leistungskomponenten und Prinzip der optimalen Relation von allgemeiner und spezieller Ausbildung 59

4.2.3.5 Prinzip der Dauerhaftigkeit und des langfristigen Trainingsaufbaus 62

4.3 Zur Umsetzung der Trainingsprinzipien in Trainingspläne 65

5. Sammlung ausgewählter Trainingspläne 79

5.1 Vorbemerkung 79

5.2 Ausgewählte Mehrjahrestrainingspläne/Rahmenplan 80

5.3 Ausgewählte Jahrestrainingspläne 96

5.4 Ausgewählte Makrozykluspläne 114

5.5 Ausgewählte Wochentrainingspläne (Mikrozykluspläne, Operativpläne) 123

5.6 Ausgewählte Trainingseinheiten 144

6. Graphische Darstellungen und Checklisten als Hilfsmittel der Planung und Auswertung des Trainings 149

6.1 Zur Verwendung graphischer Darstellungen 149

6.2 Zur Verwendung von Checklisten 156

6.3 Anmerkungen zur Netzplantechnik 161

7. Anhang 163

7.1 Lösungen zu den im Text gestellten Aufgaben 163

7.2 Anmerkungen 165

7.3 Literaturverzeichnis 167

7.4 Verzeichnis der Abbildungen 170

7.5 Wir raten zu lesen 173

1. Einführung

1.1 Was ist und was will Trainingsplanung?

Definition

> **Trainingsplanung** ist ein auf das Erreichen eines Trainings-
> ziels ausgerichtetes, den individuellen Leistungszustand be-
> rücksichtigendes Verfahren der vorausschauenden, syste-
> matischen — sich an trainingspraktischen Erfahrungen und
> sportwissenschaftlichen Erkenntnissen orientierenden —
> Strukturierung des (langfristigen) Trainingsprozesses.

Auswertung

Die wichtigsten Merkmale der Trainingsplanung sind ihre *fortlaufende Anpassung,* ihr Aufbau in *zeitliche Phasen* und die
Methode der *Periodisierung.*

Trainingsplanung ist kein einmaliger, festgeschriebener Vor-
gang, sondern ist charakterisiert durch fortlaufende Anpassung
an die Trainings- und Wettkampfwirklichkeit. Es findet ständig
ein Soll-Ist-Wert-Vergleich zwischen Trainingsplanung und
Trainings-/Wettkampfpraxis statt.

Langfristige (mehrjährige) Trainingsplanung beginnt in der
Grundausbildung und geht über das Grundlagen-, das Aufbau-
zum (Hoch-)Leistungstraining. Sie berücksichtigt besonders
Hinweise, die sich aus der Kenntnis der sportart (disziplin-) spezifischen Anforderungsstruktur, dem „Anforderungsprofil" ableiten lassen.

Mittel- und kurzfristige Trainingsplanung bedarf verstärkt Informationen über den individuellen Leistungszustand und das
Trainings-/Wettkampfverhalten des Athleten.

Um die sportliche Form (Topform) zu entwickeln, bedienen sich
Trainer und Aktive dabei des Hilfsmittels der Periodisierung.

Das Ergebnis der Trainingsplanung, der Trainingsplan in seinen
verschiedenen Plantypen, will

— Trainer und Sportler verständlich und überschaubar über die
  Gestaltung des Trainingsprozesses informieren;

— zur Trainingsdurchführung und zur Höchstleistung moti-
  vieren;

— die Trainingsanalyse (-auswertung) erleichtern.

Trainingsplanung als dynamischer Prozeß ist somit als wesentlicher Bestandteil der Trainingssteuerung anzusehen.

Planung im Trainingsprozeß findet auf verschiedenen Ebenen statt, z. B. auf der **Weiterführung**

— Planungsebene der internationalen Verbände;
 des Internationalen Olympischen Komitees;
— Planungsebene der nationalen (Spitzen-) Verbände;
— Planungsebene der öffentlichen Sportverwaltung;
— Planungsebene des Deutschen Sportbundes;
— Planungsebene der Landessportbünde;
— Planungsebene der Vereine;
— Planungsebene der Trainingsgruppe;
— Planungsebene des Trainierenden.

Der Studienbrief beschäftigt sich hauptsächlich mit Planungstätigkeiten des Trainers, die überwiegend auf den letztgenannten Ebenen stattfinden. **Hinweis**

1.2 Ziele und Aufbau des Studienbriefes

Wenn Sie diesen Studienbrief durchgearbeitet haben, dann sollten Sie in der Lage sein **Lernziele**

— die wesentlichen Trainingsplantypen beschreiben, voneinander abzugrenzen und in ihrem Zusammenhang darstellen zu können;
— sportartspezifische und leistungsniveauspezifische Periodisierungsmodelle zu erstellen und unter individuellen Aspekten modifizieren zu können;
— die Arbeitsschritte der Trainingsplanung unter sportart- und leistungsstufenspezifischen Aspekten erläutern und konkretisieren zu können;
— die im Studienbrief aufgeführten Trainingspläne bzw. Planbestandteile erläutern und unter sportart(disziplin-)spezifischem Aspekt diskutieren zu können;
— unter Berücksichtigung ausgewählter Trainingsprinzipien und unter Nutzung graphischer Darstellungsformen für einen definierten Fall (Sportler/Trainingsgruppe)
  einen Jahrestrainingsplan
  einen Wochentrainingsplan (Mikrozyklusplan, Operativplan)
  einen Trainingseinheitenplan
  konstruieren und begründen zu können;

— an einem sportart (disziplin-) spezifischen Beispiel den Zusammenhang von Trainingsplanung, -dokumentation und -auswertung darzustellen und die sich daraus ergebenden Konsequenzen für die Trainingspraxis zu diskutieren.

Überblick
In einer Übersicht werden zunächst im 2. Kapitel die anzutreffenden Trainingsplantypen aufgeführt und unter Berücksichtigung der derzeitigen Trainingswirklichkeit erläutert. Dabei wird besonders auf die ,,Kernplantypen"

Jahrestrainingsplan, Wochentrainingsplan (Mikrozyklusplan), Operativplan und auf den ***Trainingseinheitenplan*** (Trainingsmodell) eingegangen.

Ausführlicher vorgestellt wird im 3. Kapitel das planerische Hilfsmittel der ***Periodisierung,*** mit dem die Trainingspraxis versucht, bekanntgewordene Gesetzmäßigkeiten im Prozeß der Entwicklung der sportlichen Form (Topform) des Athleten umzusetzen.

Die Überlegungen konkretisieren sich im 4. Kapitel des Studienbriefes, in dem die Planungsphasen und die dazugehörigen Arbeitsschritte dargestellt werden, die bei der Erstellung der ,,Kernplantypen" berücksichtigt werden müssen. Dabei werden besonders diejenigen Trainingsprinzipien erläutert, die als notwendiger theoretischer Hintergrund dem jeweiligen Plantyp zugrundegelegt werden sollten.

Eine ,,Sammlung ausgewählter Trainingspläne" unter sportart- bzw. disziplinspezifischem Aspekt, die die bisherigen Erläuterungen inhaltlich und/oder darstellungsmäßig ergänzt, finden Sie im 5. und letzten Kapitel des Studienbriefes.

2. Der Trainingsplan

2.1 Vorbemerkung

Überblick
In der trainingswissenschaftlichen Literatur werden eine Vielzahl von Trainingsplantypen aufgeführt, die sich nach der

— Zielgruppe (s. Plantypen 1 und 2) oder dem
— Zeitraum (Laufzeit; s. Plantypen 3 bis 7)

unterscheiden lassen.

Abb. 1 stellt die Trainingsplantypen im Gesamtzusammenhang dar.

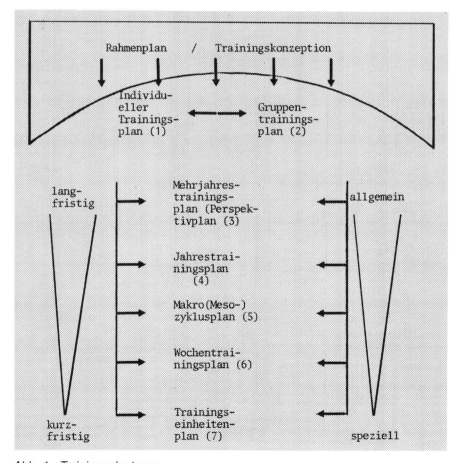

Abb. 1   Trainingsplantypen

2.2 Trainingsplantypen

2.2.1 Rahmenplan

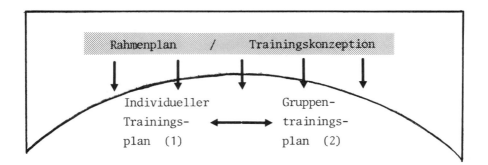

Definition

Als **Rahmenplan** bezeichnet man die auf der Trainingskonzeption eines Fachverbandes basierenden verallgemeinerten Richtlinien zur Gestaltung des Trainingsprozesses für definierte Sportlergruppen.

Erläuterungen

1. Aspekt

Unter **Trainingskonzeption** kann (1) eine „Grundorientierung für die Leitung, Planung und Gestaltung des Trainings" verstanden werden, die auf der Grundlage einer umfassenden Analyse sowie unter Beachtung von Entwicklungstendenzen für bestimmte Sportlergruppen (z. B. A-, B-, . . . Kader) festgelegt wird. Als Teil des Perspektivplanes des Fachverbandes informiert die Trainingskonzeption besonders über die angestrebten Trainingsziele (Leistungsentwicklung) und enthält trainingsmethodische Richtlinien für mehrere Jahre.

2. Aspekt

Rahmenpläne sind meist **sportart- bzw. disziplinspezifisch** ausgerichtet, beruhen auf den neuesten sportwissenschaftlichen Erkenntnissen und können vom Trainer als „Theoriemodell" zur Ableitung spezieller Jahrestrainingspläne für Jahrgangsgruppen, Trainingsgruppen etc. herangezogen werden.

Anmerkung:

Bestandteile eines Rahmenplans enthalten der „Entwicklungswürfel für jugendliche Tennisspieler" und die Aufstellung „Ziele und Aufgabenstellung für die Ausbildung — Rudern" (s. Kapitel 5, Beispiele 2 und 3).

3. Aspekt

Rahmenpläne werden als an (Wettkampf-)Terminen orientierte **Tabelle** oder/und Graphik angelegt und mit **Erläuterungen,** unter anderem zur Unterteilung des Trainingszeitraumes, zur Zielsetzung der einzelnen Perioden, Hinweisen zur Monatscharakteristik des Trainingsprozesses, versehen.

Hinweis
——————▶

Ein Beispiel für einen Rahmenplan, der bereits Elemente eines fachverbandspezifischen Mehrjahresplans enthält, hat MARTIN 1980 publiziert. Er ist auszugsweise in Kapitel 5 des Studienbriefs dargestellt.

2.2.2 Individueller Trainingsplan (Plantyp 1) und Gruppentrainingsplan (Plantyp 2)

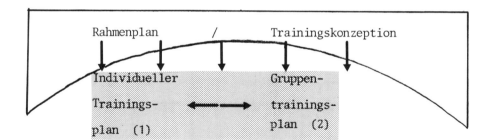

Definition 1

Ein **individueller Trainingsplan** enthält Angaben zur Gestaltung des Trainingsprozesses des einzelnen Sportlers.

Definition 2

Ein **Gruppentrainingsplan** enthält Angaben zur Gestaltung des Trainingsprozesses von Sportlern mit annähernd vergleichbarem Leistungszustand und gleicher Trainingszielsetzung.

Erläuterungen

Beide Pläne können für **sämtliche Trainingsabschnitte** erstellt werden. Je nach Sportart, Disziplin, Trainings- bzw. Wettkampfziel gelangen sie in unterschiedlichem Ausmaß zum Einsatz und ergänzen sich gegenseitig im Prozeß der Leistungsentwicklung.

1. Aspekt

Individuelle Trainingspläne dominieren in den Individualsportarten und **sollen** auch — sofern fachlich gerechtfertigt — in den Mannschaftssportarten **überwiegen.** Ein unter- bzw. überdurchschnittlicher Leistungszustand kann mit ihrer Hilfe besser an das Trainingsziel der Gruppe oder Mannschaft angepaßt werden. Besonders aus organisatorischen, ökonomischen, personellen und materiellen Gründen (besonders im Nachwuchstraining) kann es notwendig werden, Gruppentrainingspläne zu erstellen. Sie müssen jedoch ständig überprüft, korrigiert und durch individuelle Trainingspläne ergänzt werden, um der individuellen Trainierbarkeit und Belastungsverträglichkeit des Sportlers angemessen Rechnung tragen zu können.

2. Aspekt

2.2.3 Mehrjahrestrainingsplan (Trainingsstufenplan; Plantyp 3)

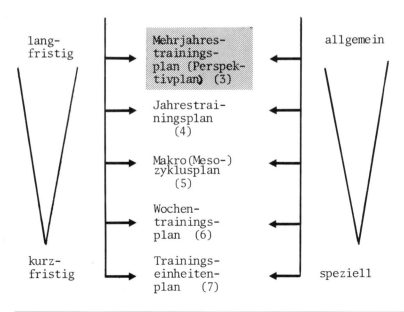

Definition

> Der **Mehrjahrestrainingsplan** (Trainingsstufenplan) ist ein Planwerk zur Gestaltung des langfristigen Trainingsaufbaus des Sportlers. Der Trainingsaufbau umfaßt die Trainingsstufen bzw. -etappen: Grundlagentraining, Aufbautraining, Hochleistungstraining.

Erläuterungen

1. Aspekt Der Mehrjahrestrainingsplan legt das **übergeordnete Trainings-/Wettkampfziel** (z. B. Erreichen einer Weltklasseleistung im 100-m-Kraul im Jahr vor den Olympischen Spielen) und einzelne, begründbare und motivierende **Trainingsteilziele** bzw. Leistungszwischenziele (z. B. Erreichen des Endlaufes im 800-m-Lauf der nationalen Juniorenmeisterschaften; z. B. Platz 3 in der Jugendbestenliste A etc.) fest.

2. Aspekt Diese Festlegungen beziehen sich nicht nur auf das Erreichen definierter komplexer **Wettkampfleistungen,** sondern — besonders in den unteren Trainingsstufen — auch auf das Erreichen definierter Ausprägungen von leistungsrelevanten **konditionellen und technomotorischen Faktoren.**

3. Aspekt Der Mehrjahrestrainingsplan verweist (in erster Näherung) auf die schwerpunktmäßig anzuwendenden **Trainingsmethoden** und **Trainingsinhalte,** wobei besonders auf die abschnittsweise unterschiedliche Gestaltung der Trainingsbelastung Wert zu legen ist. Die Belastungsvorgaben beziehen sich sowohl auf Belastungsumfang wie auch auf Belastungsintensität. Sie müssen biologische Gesetzmäßigkeiten und Erkenntnisse aus dem Bereich Belastung-Erholung-Anpassung berücksichtigen. Dazu gehören zum Teil progressive Belastungssteigerung, individuelle Trainierbarkeit, individuelle Belastungsverträglichkeit und individuelle Erholungsfähigkeit.

4. Aspekt Der Plan setzt auch, abgestimmt auf die weiteren individuellen Leistungsziele des Sportlers, wie schulische und berufliche Leistungsziele, die Anzahl der notwendigen **Trainingseinheiten** meist auf Wochenbasis fest.

5. Aspekt Er führt die in Abhängigkeit von Trainingsteilziel und individuellem Leistungszustand variabel anzuwendenden leistungsdiagnostischen Verfahren auf (Soll-Ist-Wert-Vergleich; Wirkungs-kontrolle), um eventuelle Planmodifikationen bzw. -revisionen einleiten zu können.

Beispiele für Mehrjahrestrainingspläne sind in Kapitel 5 des Studienbriefs aufgeführt.

Hinweis

Aufgabe 1

Nennen Sie noch einmal die 5 wesentlichen Elemente eines Mehrjahrestrainingsplan.

Arbeits-anregung 1

Diskutieren Sie mit Kollegen „Eckpunkte" eines Mehrjahres-trainingsplans Ihrer Sportart unter besonderer Berücksichti-gung neuerer Aspekte des „Nachwuchstrainings" (u. a. entwicklungsgemäßer Trainingsaufbau, Trainierbarkeit kondi-tioneller Fähigkeiten „sensible Phasen", Vielseitigkeit).

2.2.4 Jahrestrainingsplan (Plantyp 4)

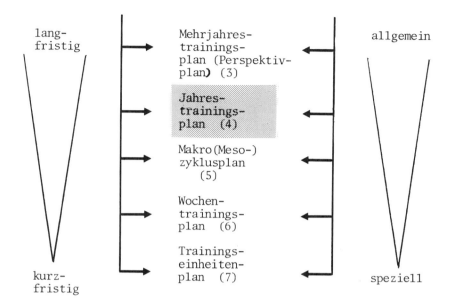

Definition

> Der **Jahrestrainingsplan** gibt an, wie der jährliche Trainings-
> prozeß des Sportlers oder der Sportlergruppe gestaltet wer-
> den soll.

Erläuterungen

1. Aspekt

Der Jahrestrainingsplan **konkretisiert den Mehrjahrestrainingsplan** für das jeweilige Trainingsjahr. Unter Berücksichtigung der individuellen Leistungsentwicklung und der Ergebnisse der Auswertung des vorangegangenen Trainingsabschnit-
tes enthält er

— die Trainingsziele im Jahresverlauf (Jahrestrainingsziel, Trainingsteilziele)
— die Belastungsplanung
— die Leistungsdiagnoseplanung
— die Wettkampfplanung (inkl. Testwettkämpfe etc.)
— die Auswertungsplanung.

2. Aspekt

Als Kernstück des Jahrestrainingsplans ist die **Belastungsplanung** anzusehen. Sie enthält Vorgaben zu

Name: A. S.

Jahrestrainingsplan 1980/81

Struktur des Trainingsjahrs	Vorbereitungsperiode 1. Etappe						Vorbereitungsperiode 2. Etappe					
Monate	Mai		Juni		Juli		August		September		Oktober	
	KM	TE	KM	TE	KM	TE	KM	TE	KM	TE	KM	TE
Allgemeine und spezielle Ausdauer												
Dauerlauf	150	9	350	22	380	23	300	17	250	15	230	14
Rollski			200	9	250	11	300	14	250	11	250	11
Ski									200	8	200	8
Schnelligkeit und Schnelligkeitsausdauer												
Sprints und Schrittsprünge				1		3		3		3		1
Tempoläufe								2		3		3
Test und Wettkampf				2		2		2		2		4
Kraft und Kraftausdauer												
Circuit		2		4		4		4		4		4
Zugwagen		6		10		8		10		10		10
Schrittsprünge						1		3		4		4
Bergläufe		1		3		4		3		4		3
Zentrale Trainingsmaßnahmen			16.–25. 6. 1980		14.–18. 7. 1980		4.–8. 8. 1980		9.–17. 9. 1980		7.–15. 10. und 20.–27. 10. 1980	
Nationale und internationale Wettkämpfe												
Sportmedizinische Untersuchungen	6./7. 5. 1981						1 Tag Erl.		1 Tag Erl.		1 Tag Erl.	
Nachbetrachtung												

Name: A. S.
Jahrestrainingsplan 1980/81

	Vorbereitungsperiode 3. Etappe						Wettkampfperiode						Übergangsperiode		Gesamttrainings-leistung	
	November		Dezember		Januar		Februar		März		April					
	KM	TE	KM	TE	KM	TE	KM	TE	KM	TE	KM	TE			KM	TE
	100	7													1860	115
	100	4									100	8			1350	60
	550	25	550	25	500	23	400	18	350	15	100	5			2850	127
		1														12
		3		4		3		2								20
		2		8		12		10		10		3				57
		4		3		2		4								31
		4		6		4										72
		2														14
		1														19

Termine:

November	10.—17. 11. 1980 · 1 Tag Erl.
Dezember	3.—11. 12. 1980 · 13./14. 12. 1980 · 17./18. 12. 1980
Januar	1.—20. 1. 1981 zwei Veranstal. · 20.—25. 1. 1981 · 26.—31. 1. 1981
Februar	5 Tage WM Vorbereitung · 9.—15. 2. 1981 WM Lauf: · 17.—22. 2. 1981 · 26.— 1. 3. 1981 DM
März	4.— 8. 3. 1981 · 9.—20. 3. 1981
April	3.— 5. 4. 1981 · 10.—12. 4. 1981

Beispiel: Jahrestrainingsplan; Ski nordisch (nach Unterlagen von D. MARTIN 1981)

— Art und Anteil der Trainingsinhalte (Trainingsübungen)
— Trainingsumfang (Trainingseinheiten pro Monat)
— Struktur des Trainingsjahres.

Jahrestrainingspläne werden — möglichst unter aktiver Beteiligung des oder der Athleten — für **einzelne Sportler** bzw. Sportlergruppen entworfen und sollten mit Anmerkungen und Erläuterungen (individuelles Begleitschreiben o. ä.) versehen werden.

3. Aspekt

Das Beispiel auf den Seiten 18 und 19 aus dem Bereich des Nordischen Skisports soll wesentliche Elemente des Jahrestrainingsplans verdeutlichen (s. dazu ergänzend auch Kapitel 5 des Studienbriefs).

Hinweis

2.2.5 Makrozyklusplan (Plantyp 5)

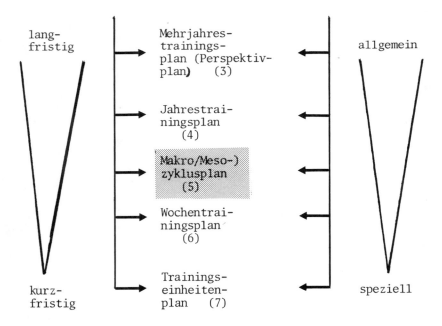

Definition

Der **Makrozylusplan** ist ein Planwerk zur Gestaltung mittelfristiger, d. h. mehrwöchiger Abschnitte des Trainingsprozesses mit dem Ziel der Ausformung definierter Entwicklungs- oder Ausprägungsphasen der sportlichen Form (Topform).

Erläuterungen

Die trainingswissenschaftliche Literatur differenziert in Trainingspläne für mehrwöchige, d. h. meist drei- bis sechswöchige Abschnitte innerhalb eines Trainingsjahres (2). Diese werden dann je nach ihrer Lage zu Wettkampfhöhepunkten unterschiedlich strukturiert. Solche Pläne werden auch Mesozykluspläne genannt.

Hinweis
⟶

Beispiele für diesen Plantyp, der meist zur Präzisierung von Abschnitten innerhalb der Vorbereitungs- bzw. Wettkampfperiode erstellt wird, sind in Kapitel 5 des Studienbriefs zu finden.

2.2.6 Wochentrainingsplan (Mikrozyklusplan, Operativplan) (Plantyp 6)

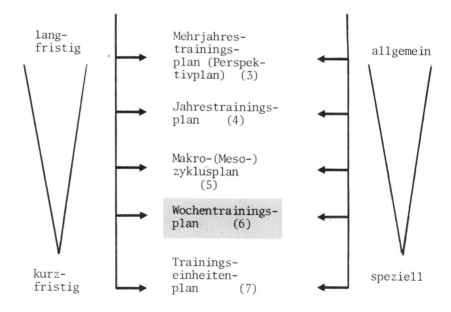

Definition

Der **Wochentrainingsplan,** auch Mikrozyklusplan oder Operativplan genannt, ist ein Planwerk zur Gestaltung mehrtägiger, bis zu einer Woche umfassender Abschnitte des Trainingsprozesses.

Erläuterungen

In einem Mikrozyklus ändert sich die **Struktur der Trainingsbe-lastung** im Wochenverlauf. Das betrifft Belastungsdauer und -intensität. Sie müssen so aufeinander abgestimmt werden, daß auch bei zwei- oder mehrmaligem täglichen Training die zur Lei-stungsentwicklung oder -stabilisierung notwendigen Wieder-herstellungsprozesse möglich werden.

1. Aspekt

Der Mikrozyklus ist weiter charakterisiert durch die **Variation der Hauptaufgaben innerhalb der Trainingseinheiten.**

2. Aspekt

Durch dieses Wechseln der Trainingsübungen wird es — im Zu-sammenhang mit der bereits angesprochenen unterschied-lichen Belastungsdosierung — möglich, eine schwerpunkt-mäßige Beanspruchung der beteiligten Organ- und Funktions-systeme hervorzurufen, die Verletzungen und Schädigungen vorbeugt und organ- bzw. funktionssystemspezifische Regene-rationsprozesse gestattet.

Die Reihung der einzelnen Ziele und Inhalte der jeweiligen Trai-ningseinheit und der Trainingseinheiten im Wochenverlauf orientiert sich an **Gesetzmäßigkeiten der Leistungsentwick-lung,** so wird u. a. die Superkompensationstheorie berück-sichtigt.

3. Aspekt

LETZELTER (3) bezeichnet hierzu folgende Strukturgrundsätze als bewährt:

„1. Trainingseinheiten mit dem Schwerpunkt ‚Neulernen' und/oder ‚Feinstkoordination' setzen eine optimale Lei-stungsbereitschaft voraus. Sie können deshalb nicht nach Trainingseinheiten mit höchsten Belastungen erfolgen.

2. Trainingseinheiten mit den Schwerpunkten ‚Schnelligkeit' oder ‚Schnellkraft' können ebenfalls nur im ermüdungsfreien Zustand durchgeführt werden.

3. Trainingseinheiten zur Verbesserung der anaeroben Aus-dauer sind höchste Belastungsgrade. Sie müssen deshalb so eingebaut werden, daß sie am Ende des Mikrozyklus ste-hen oder von einer Trainingseinheit mit geringem Bela-stungsgrad abgelöst werden.

4. Die Mikrozyklen in der Vorbereitungs- und der Wettkampf-periode unterscheiden sich insofern, als die Wettkämpfe einerseits Belastungshöhepunkte darstellen, andererseits aber in die Phase der völligen Wiederherstellung fallen müs-

sen. Das bedeutet eine Ausweitung der Trainingseinheiten mit niedriger und geringer Belastung und zugleich eine optimale Belastung zwei bis drei Tage vor dem Wettkampf.

5. In der Übergangsperiode spielen Mikrozyklen eine untergeordnete Rolle."

Das nachfolgende Beispiel *(Abb. 2)* aus dem Bereich des

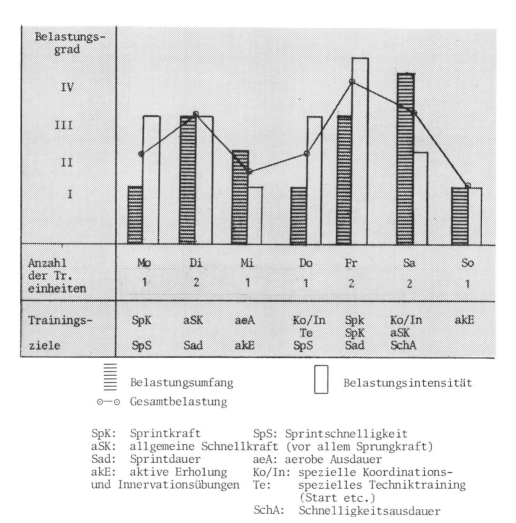

SpK: Sprintkraft SpS: Sprintschnelligkeit
aSK: allgemeine Schnellkraft (vor allem Sprungkraft)
Sad: Sprintdauer aeA: aerobe Ausdauer
akE: aktive Erholung Ko/In: spezielle Koordinations-
und Innervationsübungen Te: spezielles Techniktraining
(Start etc.)
SchA: Schnelligkeitsausdauer

Abb. 2 Belastungsgrad eines Mikrozyklus hinsichtlich Gesamt-, Umfangs- und Intensitätsbelastung (Beispiel: Sprinttraining in der speziellen Vorbereitungsperiode) mit Angabe der Trainingsziele (4).

Sprinttrainings in der Leichtathletik soll wesentliche Elemente der Planung eines Mikrozyklus verdeutlichen.

In Kapitel 5 des Studienbriefs finden sich weitere Beispiele für diesen Plantyp.

Hinweis
◀━━━━━

Aufgabe 2

Formulieren Sie LETZELTERS *Überlegungen zur Gestaltung eines Mikrozyklus („Strukturgrundsätze") in Kernmerksätze um.*

2.2.7 Trainingseinheitenplan (Plantyp 7)

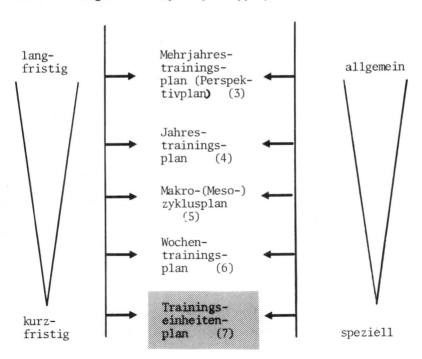

Die bisher dargestellten Trainingsplantypen informieren über übergeordnete, allgemeine Ansätze, den Trainingsprozeß planend zu strukturieren. Die unmittelbare und direkte, exakte Steuerung der Trainingsbelastung zum Zweck der Leistungsoptimierung bzw. -stabilisierung wird durch sie nicht möglich. Es wird somit notwendig, die kleinsten Struktureinheiten des Trainingsprozesses, die Trainingseinheiten, zu planen.

Definition

> Der **Trainingseinheitenplan** ist ein Planwerk zur Gestaltung kurzfristiger, Minuten bis Stunden umfassender Abschnitte des Trainingsprozesses, in denen durch Ausführung der geplanten Belastungen die spezifischen Beanspruchungen des Sportlers erfolgt.

Erläuterungen

Problem-stellung

Die Trainingseinheit (TE) wird in der sportwissenschaftlichen Literatur häufig — aus physiologischen und didaktisch-methodisch-organisatorischen Begründungszusammenhängen heraus — in

— Einleitender Teil (ET),
— Hauptteil (HT) und
— Ausklang (A)

untergliedert.

Diese schematische Einteilung, die nicht über den Ganzheitscharakter einer jeden Trainingseinheit hinwegtäuschen darf (5), wird in der Trainingspraxis je nach übergeordneter Zielsetzung vielfältig variiert (vgl. *Abb. 3, S. 26).*

Merksatz

> **Die einzelnen Abschnitte der Trainingseinheit sind nicht isoliert zu planen bzw. durchzuführen. Sie müssen — bezogen auf die Hauptaufgabe der jeweiligen Trainingseinheit — im funktionalen Zusammenhang zueinander stehen.**

1. Aspekt

Die **Zielstellung des einleitenden Teils** (ET) liegt in der

— Schaffung der Trainings-(Leistungs-)bereitschaft
— Aufwärmung des Bewegungsapparates
— Physiologischen Vorbereitung der Hauptbelastung durch Vorbelasten der entsprechenden Organsysteme.

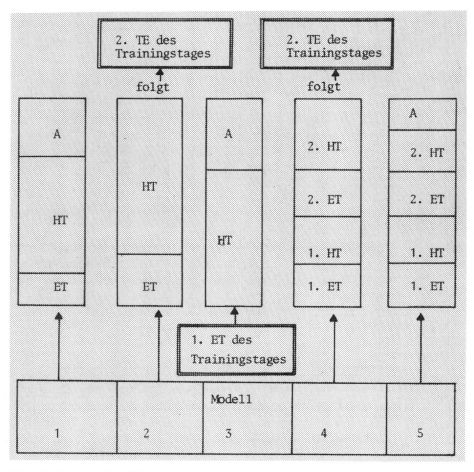

Abb. 3   Modelle der Gliederung einer Trainingseinheit

Die **Zielstellung des Hauptteils (HT)** ist die Entwicklung und/oder Stabilisierung des individuellen sportlichen Leistungszustandes. Der HT enthält eine oder auch mehrere Hauptaufgaben aus den Zielbereichen Technikoptimierung, Konditionsoptimierung, Taktikoptimierung, Leistungsdiagnose etc. Sind für den Hauptteil einer TE zwei oder mehrere Hauptaufgaben vorgesehen, ist der „Grundsatz der richtigen Reihung" bzw. der „Grundsatz der belastungsmäßigen Paßfähigkeit" zu berücksichtigen. Allgemein gilt:

2. Aspekt

— Koordinativ-technische Schulung vor konditioneller Schulung

— Schnelligkeitsbelastungen vor Kraft- und Ausdauerbelastungen

— Wechsel der Belastung der hauptsächlich beanspruchten Muskelgruppen.

Ungeteilte Hauptteile erscheinen besonders dann ratsam, wenn, beispielsweise im Grundlagentraining, komplexe Bewegungsabläufe trainiert werden sollen, deren Automatisierungsgrad noch als gering anzusehen ist, wenn also ein hohes Ausmaß an Demonstration, Erklären, Fehlerkorrektur etc. notwendig ist. Ein ungeteilter HT erscheint auch dann zweckmäßig, wenn ein größerer organisatorisch-methodischer Aufwand z. B. durch Gerätebedarf und Sicherheitsmaßnahmen betrieben werden muß.

3. Aspekt

Die **Zielstellung des Ausklangs (A)** liegt in der Rückführung des beanspruchten Organismus auf den Vorbelastungsfunktionszustand. Die Trainingsinhalte des abschließenden Teils der Trainingseinheiten sollen zur Entspannung und Beruhigung des Organismus beitragen und die Wiederherstellungsprozesse einleiten bzw. beschleunigen. Der Ausklang dient der Schaffung physio-psychologisch ausgleichender Belastungen, bezogen auf die Hauptaufgaben des Hauptteils. Am Ende einer jeden Trainingseinheit kann die gemeinsame Nachbetrachtung und Nachbereitung der TE stehen. Damit sind (eventuell gerätunterstützte) Kurzauswertung, Kurzzusammenfassung, ,,Beanspruchungsgespräch", Protokollierung des Trainingsverhaltens, Aktivierung der Trainingsbereitschaft u. a. m. gemeint.

Das nachfolgende Beispiel aus dem Bereich des Nordischen Skisports soll wesentliche Elemente der Planung einer Trainingseinheit verdeutlichen.

Hinweis
⟶

Weitere Beispiele finden sich in Kapitel 5 des Studienbriefes.

Modell Bewegungsschulung, Sprungkraft, Anfangskraft, Maximalkraft					
Zielsetzung	Trainingsform	Umfang	Belastung		
			Intensität	Wiederholungen	Pause
Aufwärmen	Einlaufarbeit (Traben, Hopser-läufe, Kreuzschritte, Skipping und allgemeine Gymnastik)	10—15 min			
Bewegungs-schulung Sammeln vielfältiger Bewegungs-erfahrungen	Sprünge aus dem Anlauf 1. Streksprung — Telemark 2. Flugrolle — Hechtrolle 3. Hocksprung — Telemark 4. ¹/₁ Drehsprung — Telemark 5. Salto vorwärts			3—5 x 3—5 x 3—5 x 3—5 x 3—5 x	2 min 2 min 2 min 2 min
Lockerung der Beine Pause	Ausschütteln Selbstmassage				10 min
Anfangskraft (Maximalkraft)	1. Sprünge an der Sprungbahn 1. Absprung aus der Anlauf-stellung 2. Bewegungsaufgabe 3. Niedersprung und Absprung 4. Aufsprung und Absprung 5. Aufsprung im Telemark 1. Absprung aus der Anlauf-stellung 2. Bewegungsaufgabe a) Strecksprung b) Hocksprung c) Grätschsprung d) ¹/₁ Drehsprung e) Klappmessersprung 3. Niedersprung und Absprung 4. Aufsprung und Absprung 5. Aufsprung im Telemark			5 x 4—6 4—8 4—8 4—8 4—8 4—8 5 x 4—8 5 x 4—8 5 x 4—8	2 min 3 min 3 min 4 min
Wie Punkt 3					10 min
Maximalkraft-training	Funktional-statische Übungen Senken mit Partner im Rücken-sitz (Huckepack) in verschiede-nen Kniewinkelstellungen 1. Kniewinkel entspricht Anlaufstellung 2. Gesäß 15—20 cm höher 3. Gesäß zusätzlich 15—20 cm höher 4. Gesäß zusätzlich 15—20 cm höher	9—12 sec 9—12 sec 9—12 sec 9—12 sec		1 x 1 x 1 x 1 x	3 min 3 min 3 min 3 min

Zielsetzung	Trainingsform	Umfang	Belastung		
			Intensität	Wiederholungen	Pause
Körper-streckung	Aushängen, Lockern am Reck				10 min
Geschicklich-keit Ausdauer	Volleyballspiel oder Waldlauf, Fahrtspiel	30 min			

Abb. 4   Beispiel eines Trainingsmodells einer standardisierten TE zum Sammeln von Bewegungserfahrungen, zur Schulung der Anfangskraft mit nachgebender Arbeit und der Maximalkraft mit funktionalstatischer (isometrischer) Arbeit für jugendliche Skispringer und nordisch Kombinierte in der Vorbereitungsperiode (6).

Arbeits-anregung 2

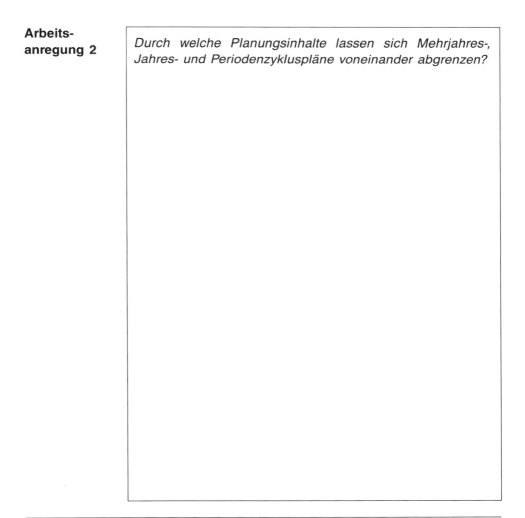

Durch welche Planungsinhalte lassen sich Mehrjahres-, Jahres- und Periodenzykluspläne voneinander abgrenzen?

2.2.8 Übersichtsschema:
Planung im langjährigen Trainingsprozeß

Einen zusammenfassenden Überblick über die zur Strukturierung eines langjährigen Trainingsprozesses notwendige planerische Arbeit vermittelt *Abb. 5.*

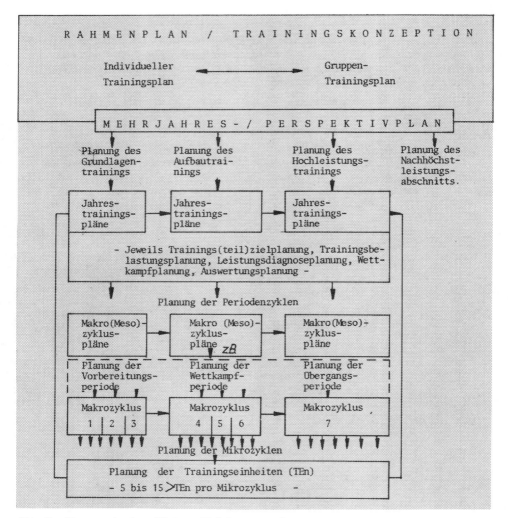

Abb. 5   *Planung im langjährigen Trainingsprozeß*

3. Zur Periodisierung des Trainingsprozesses

3.1 Vorbemerkung

Definition

> Die **sportliche Form oder Topform** ist der individuelle, nur zeitweise stabile Zustand optimaler sportart- bzw. disziplinspezifischer Leistungsfähigkeit, die der Sportler auf jeder neuen Stufe seiner sportlichen Ausbildung erreicht. Sie wird durch Training phasenartig entwickelt.

Problemstellung

Die sportliche Form durchläuft, wie Untersuchungen von MATWEJEW und seinen Schülern an Hochleistungsleichtathleten, -schwimmern und -gewichthebern belegen, dabei fast gesetzmäßig drei Entwicklungsphasen:

1. Formaufbau,
2. Relative Stabilisierung bei optimaler Ausprägung,
3. Zeitweiliger Verlust,

die sich prinzipiell zyklisch wiederholen.

Auswertung

Dieser Tatbestand hat im wesentlichen drei Ursachen.

1. Aspekt

Viele biologische und psychophysiologische Prozesse verlaufen definiert „**rhythmisch**". Hier sind es der Aktivitätsanstieg, die Phase relativer Stabilität der Aktivität und der Aktivitätsabfall.

2. Aspekt

Die Trainingsteilziele können nicht alle gleichzeitig optimal angesteuert werden; es wird eine bestimmte, systematische **Reihung von Schwerpunkten,** d. h. eine Akzentuierung im Trainingsprozeß notwendig.

3. Aspekt

Die **Belastbarkeit** des Sportlers weist entwicklungsbedingt zeitweilig **Grenzen** auf. Sie können nur bei individuell optimalem Verhältnis von Belastung und Erholung positiv verändert und damit hinausgeschoben werden.

Mit dem Hilfsmittel der *Periodisierung* wird nun versucht, diese drei (nicht vollständig voneinander zu trennenden) Entwicklungsphasen jeweils optimal herauszubilden.

3.2 Periodisierung — Periodisierungsmodelle

Definition

> Unter **Periodisierung** versteht man die Festlegung einer kontinuierlichen Folge von Zeitabschnitten, sogenannte Periodenzyklen, im Prozeß der Herausbildung der sportlichen Form innerhalb eines Trainingsjahres (Jahreszyklus).

Auswertung

Unterschieden werden zunächst Vorbereitungs-, Wettkampf- und Übergangsperiode, wobei jeder dieser Periodenzyklen durch definierte Änderungen in Belastungs- und Trainingsstruktur charakterisiert ist.

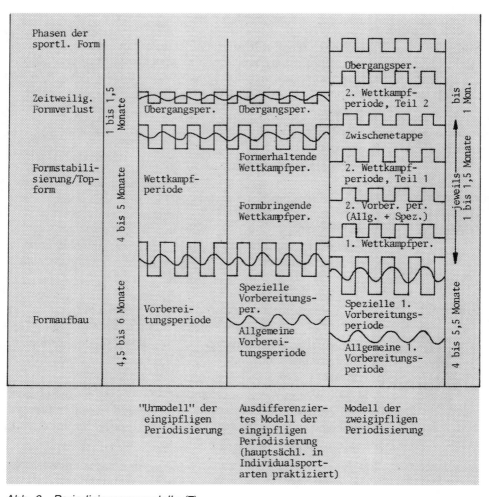

Abb. 6   Periodisierungsmodelle (7)

Wichtigster Orientierungspunkt für die Periodisierung ist der Wettkampfhöhepunkt. Wird auf einen Jahreshöhepunkt hin trainiert, spricht man von einer „eingipfligen" Periodisierung, soll die Topform zu zwei oder mehr Zeitpunkten im Jahresverlauf erreicht werden, von „zwei- (Doppel-) oder mehrgipfliger" Periodisierung. Die *Abbildung 6* soll die beiden gängigsten, d. h. einfachsten Periodisierungsmodelle verdeutlichen.

3.2.1 Zur Struktur der Vorbereitungsperiode

Definition

Die **Vorbereitungsperiode** ist derjenige Periodenzyklus, der der Schaffung grundlegender konditioneller, technomotorischer u. a. Voraussetzungen für hohe sportliche Leistungen und Trainingsbelastungen in der Wettkampfperiode dient. Er ist gekennzeichnet durch Formaufbau, Erhöhung des Ausprägungsniveaus leistungsbestimmender Faktoren und Erhöhung der Belastungsverträglichkeit.

Problemstellung

Die Vorbereitungsperiode wird traditionell in zwei „Etappen", in die allgemein vorbereitende Etappe und die speziell vorbereitende Etappe gegliedert.

Auswertung

In jüngerer Zeit werden diese Etappen durch eine detailliertere Untergliederung in Makrozyklen (MAZ), mittelfristige, drei- bis sechswöchige Trainingsabschnitte (8) differenziert, die ein „präziseres Eingehen auf die Gesetzmäßigkeiten der Herausbildung der sportlichen Leistung (ermöglichen)" (9).

Hinweis

In Veröffentlichungen aus dem Bereich der DDR bzw. der UdSSR (vgl. z. B. HARRE, MATWEJEW, THIESS) ist eine andere Begrifflichkeit vorzufinden: an die Stelle von *Makro*zyklus tritt hier die Bezeichnung *Mezo*zyklus.

1. Aspekt

Wir unterscheiden in der Vorbereitungsperiode 3 Makrozyklen. MAZ 1 zur Entwicklung und Vervollkommnung **allgemeiner Leistungsgrundlagen.**

Die *Aufgabe* besteht hier im Wiedererreichen des früheren, meist letztjährigen Leistungszustandes, der hinsichtlich einiger Komponenten bereits übertroffen werden muß;
Die *Trainingsinhalte* sind unspezifisch;
die *Trainingsbelastung* ist mittel bis hoch.

MAZ 2 zur Entwicklung der **dominierenden Leistungsgrundla-**   **2. Aspekt**
gen. Die *Aufgabe* ist die trainingszielorientierte Entwicklung
derjenigen Leistungsfaktoren, die als grundlegende Leistungsvoraussetzungen im Rahmen der spezifischen Leistungsstruktur anzusehen sind;
Die *Trainingsinhalte* sind spezifisch;
die *Trainingsbelastung* ist hoch bis zur Grenzbelastung.

MAZ 3 zur Entwicklung der trainingszielspezifischen Vervoll-   **3. Aspekt**
kommnung der **speziellen Leistungsfaktoren** in enger Verbindung mit der Struktur der Wettkampfleistung;
Die *Trainingsinhalte* sind trainingszielspezifisch, d. h. wett-
kampfspezifisch und variierend.
Die *Trainingsbelastung* ist hoch bis zur Grenzbelastung.

Die *Abb. 7* soll die stichwortartige Ausführungen zur Struktur
der Vorbereitungsperiode erläutern.

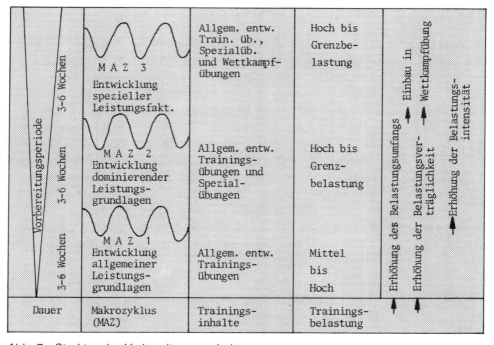

Abb. 7   Struktur der Vorbereitungsperiode

3.2.2 Zur Struktur der Wettkampfperiode

Definition

> Die **Wettkampfperiode** ist derjenige Periodenzyklus, der der optimalen Ausprägung und relativen Stabilisierung der sportlichen Form dient.

Problemstellung

Wie erwähnt, wird die Wettkampfperiode in Abhängigkeit vom Wettkampfhöhepunkt gegliedert. Man unterscheidet deshalb in „einfache" Wettkampfperioden mit einem Wettkampfhöhepunkt und „komplizierte" Wettkampfperioden mit zwei oder mehr Wettkampfhöhepunkten.

Auswertung 1. Aspekt

Die **„einfache" Wettkampfperiode** wird allgemein in zwei Makrozyklen untergliedert, den MAZ 4 zur optimalen Ausprägung der sportlichen Form und den MAZ 5 zur relativen Stabilisierung der sportlichen Form. Sie können sich diese Unterscheidung anhand des Begriffspaars *formbringend* (MAZ 4), *formerhaltend* (MAZ 5) merken.

Der Beginn der einfachen Wettkampfperiode läßt sich näherungsweise mit der Faustregel „etwa drei Monate vor dem Hauptwettkampf" festlegen (10). Dabei müssen zusätzlich Punkte wie die Anzahl der Wettkämpfe, die zur Herausbildung und Stabilisierung der Topform benötigt werden, der Wiederherstellungszeitraum, der Qualifikationsmodus (Art, Zeitraum) berücksichtigt werden, um den individuell rechtzeitigen, also optimalen Beginn möglich zu machen.

2. Aspekt

Die **„komplizierte" Wettkampfperiode** erfährt meist eine dreifache Differenzierung, wobei sich einzelne Makrozyklen wiederholen können:

Der MAZ 4 ist der Wettkampfmakrozyklus,
der MAZ 5 ist der Wettkampfzwischenmakrozyklus („Zwischenetappe")
der MAZ 6 ist der Vorwettkampfmakrozyklus.

Weiterführung

Die Gesamtdauer der Wettkampfperiode ist unterschiedlich, je nach Sportart bzw. -disziplin. Bei einfacher Periodisierung werden zwischen sieben und zwölf Wochen angegeben (11), bei Sportarten mit hoher Wettkampfhäufigkeit, also komplizierten Wettkampfperioden wie z. B. in den Sportspielen, den Zweikampfsportarten etc., müssen zum Teil erheblich längere Zeiträume geplant werden.

Die Makrozyklen der Wettkampfperiode lassen sich, ähnlich den MAZ der Vorbereitungsperiode, mit Hilfe der Kategorien *Trainingsbelastung* und *Trainingsinhalt* näher kennzeichnen. Es dominieren wettkampfspezifische Belastungen im Training und sportliche Wettkämpfe. Dadurch kommt es zu einem weiteren Anstieg der spezifischen Belastungsintensität und einem, in Abhängigkeit von der Struktur der Wettkampfdisziplin unterschiedlichen, geringfügigen Rückgang des Belastungsumfangs.

Die Trainingsinhalte der Vorbereitungsperiode werden auch in der Wettkampfperiode eingesetzt. Allgemein entwickelnde Trainingsübungen dienen dabei, besonders bei Sportlern mit höherem Trainingsalter, der beschleunigten Wiederherstellung nach intensiven speziellen Belastungen. Spezialübungen werden zur weiteren Stabilisierung des Leistungszustandes, beispielsweise in den Kraft- und Schnellkraftsportarten, bzw. zur weiteren Entwicklung technomotorisch-taktischer Leistungskomponenten, beispielsweise in den Sportspielen, den Zweikampfsportarten etc., verwendet.

Als wichtigster Faktor der Leistungsentwicklung und -stabilisierung in diesem Periodenzyklus sind die *Wettkämpfe* selbst anzusehen. Untersuchungen an weltbesten Mittelstreckenläufern (12) weisen darauf hin,

— daß ,,es bei zu kurzen individuellen Zeiträumen zwischen den Starts nicht gelingt, die sportliche Form lange zu halten" (geringe Wettkampfstabilität),

— daß ,,das 3-Wochen-Intervall . . . ausreicht für die Wiederherstellung und Entwicklung der spezifischen sportlichen Leistungsfähigkeit" (Höchstleistung, d. Verf.),

— daß ,,bei langer Wettkampfperiode . . . die Zahl der Leistungsanstiege sechs bis acht betragen (kann)".

,,Die Möglichkeit der ununterbrochenen Erhaltung der sportlichen Form verringert sich bei wöchentlichen Starts mit wachsender Zahl der Wettkämpfe" (13).

Vertiefende Informationen zu diesem Problembereich sind Studienbrief 20 zu entnehmen.

Querverweis
◀━━━

Die *Abb. 8* soll die allgemeinen Ausführungen zur Struktur der Wettkampfperiode noch einmal zusammenfassen.

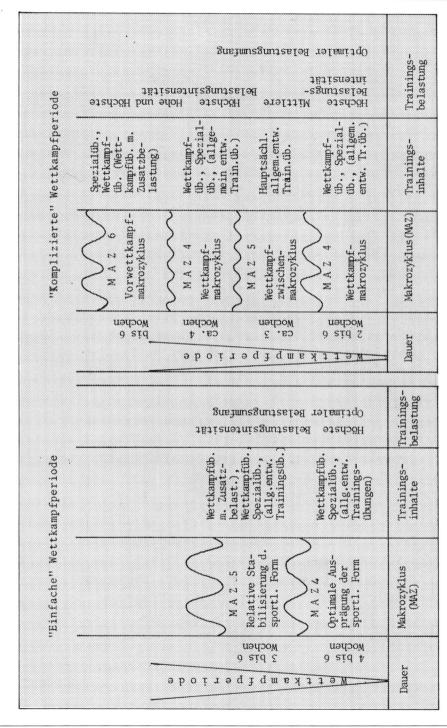

Abb. 8: Struktur der Wettkampfperiode

3.2.3 Zur Struktur der Übergangsperiode

Die **Übergangsperiode** ist der Periodenzyklus, der der aktiven Erholung des Sportlers und dem vorübergehenden, geplanten Verlust der sportlichen Form dient.

Definition

Die Ausschöpfung der individuellen Leistungsreserven in der vorangegangenen Wettkampfperiode, die sich z. B. durch Ermüdungsanhäufung und Verschleißerscheinungen bemerkbar macht, erfordert es, vor Beginn einer neuen Vorbereitungsperiode einen Trainingsabschnitt der aktiven Erholung, die psychophysische Wiederherstellung, einzuplanen. Erfahrungsgemäß erschöpft sich die Leistungsfähigkeit gegen Ende der Wettkampfperiode, durch ,,Weitertrainieren wie bisher" besteht die Gefahr eines Umkippens der Regulationsmechanismen und der Anpassungsvorgänge. Es kommt zum Übertraining. Dieser Gefahr muß durch gezielte Planung begegnet werden.

Problemstellung

Die Übergangsperiode dauert in der Regel zwischen zwei bis vier Wochen und wird auch als *Makrozyklus der aktiven Erholung* bezeichnet. Dieser in der Periodisierung letzte Makrozyklus 7 hat folgende Merkmale:

Auswertung

— weitgehende Rücknahme der speziellen Trainingsbelastung. Besonders die Belastungsintensität wird stark reduziert, es finden keine Wettkämpfe statt;

— weitgehender Verzicht auf sportartspezifische Trainingsinhalte. So werden keine Spezialübungen mehr durchgeführt;

— Hereinnahme allgemeiner, ,,sportartfremder" Trainingsübungen, die mit geringer Belastungsintensität bei geringer bis mittlerer Belastungsdauer absolviert werden soll. Das bedeutet aktive Erholung mit Trainingsübungen, Spielen etc., nach Wahl des Sportlers;

— verstärkte Nutzung weiterer, den Wiederherstellungsprozeß beschleunigender Maßnahmen wie Sauna und Massage.

Sollte der Sportler — beispielsweise verletzungsbedingt — die Wettkampfperiode nicht wie geplant beendet haben, dann kann die Übergangsperiode prinzipiell entfallen und sich die nächste Vorbereitungsperiode, beginnend mit allgemein entwickelnden Trainingsübungen bei geringer bis mittlerer Belastungsintensität und mittlerem Belastungsumfang, direkt anschließen.

Aufgabe 3

Ordnen Sie wesentliche Planungsinhalte der Übergangsperiode wie Belastungsintensität, Trainingsinhalt und Wiederherstellungsmaßnahmen den Kategorien ,,mehr'' bzw. ,,weniger'' zu. Konstruieren Sie dazu eine Tabelle.

3.3 Zusammenfassung

Mit MARTIN sollen abschließend für dieses Kapitel aktuelle Forderungen an eine Periodisierungstheorie genannt werden:

Merksatz

,,Eine den Ansprüchen des Leistungssports genügende Periodisierungstheorie sollte differenziert, funktional, flexibel und mehrdimensional gesehen werden. Ein allgemein für alle Kategorien des Leistungssports gültiges Theoriemodell — wie das klassische MATWEJEWS — kann aufgrund der damit verbundenen Problemvereinfachungen die Vielschichtigkeit unterschiedlicher Trainingsstrukturen nicht lösen. Periodisierung ist nur sportartspezifisch, leistungsniveauspezifisch und entwicklungsstufenspezifisch zu konzipieren, wobei in jedem Falle individuelle Variationen möglich sein müssen . . . Im Entwicklungsstufenbereich, mit der Zielsetzung ,allgemeine Vorbereitung', hat für diese Sportarten das Theoriemodell MATWEJEWS noch Gültigkeit. Im Altersstufenbereich, mit der Zielsetzung der vielseitigen Vorbereitung, hat ein speziell auf die Bedürfnisse der Schülerklassen zugeschnittenes Modell Gültigkeit'' (14).

*An welchen Kriterien soll sich — am Beispiel eines Jahres-
trainingsplans — die Periodisierung orientieren?*
Konkretisieren Sie Ihre Vorstellungen an

1. *einem sportartspezifischen Beispiel aus dem Grund-
   lagentraining;*
2. *einem leistungsstufenspezifischen Beispiel aus dem
   Hochleistungstraining (vgl. hierzu auch die Beispiele in
   Kapitel 5.4 des Studienbriefs und die nachfolgenden
   Abbildungen 9 und 10.*

VP I		WP I	ÜP I	VPII	WP II	ÜP II	VPIII	WPIII	ÜPIII	Perioden
1.E.	2.E.									
8		7	1-2	4	8	1-2	5	9	4-5	Wochen
VIII IX X		XI		XII	I II	III	IV	V VI	VII	Monate

*Abb. 9   Grundsystem der Periodisierung der zentralen Spielklassen der Erwachsenen —
Basketball — WP I: 1. Halbserie der Punktspiele; WP II: 2. Halbserie der Punktspiele; WP
III: Pokalspiele, Internationale Spiele (15); VP — Vorbereitungsperiode; WP — Wettkampf-
periode; ÜP — Übungsperiode.*

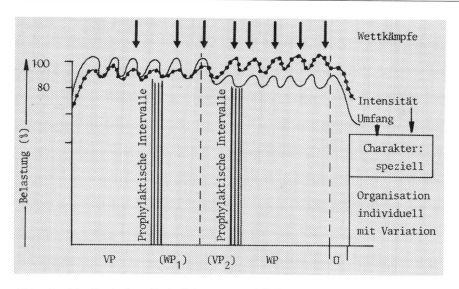

Abb. 10   Idealtypisches Periodisierungsmodell für den Hochleistungssport (16)

4. Zur Methodik der Trainingsplanung

4.1 Planungsphasen und Arbeitsschritte

Einführung

Analysiert man die in Kapitel 2 des Studienbriefs dargestellten Trainingsplantypen, so lassen sich gemeinsame Anforderungen und Bestandteile feststellen. Versucht man nun, diese Gemeinsamkeiten zu systematisieren und orientiert sich dabei an Erfahrungen der Trainingspraxis, dann lassen sich **Arbeitsschritte** und **Planungsphasen** ableiten, die es besonders bei mittel- und kurzfristiger Trainingsplanung (Plantypen 4 bis 7) zu berücksichtigen gilt.

Abb. 11 soll die Planungsphasen mit den zugehörigen Arbeitsschritten im Zusammenhang verdeutlichen.

Die vier Schritte der ersten Planungsphase können als „Konstruktionsphase" zusammengefaßt werden.

Erläuterung

Der Konstruktionsphase folgt die „Realisierungsphase" (Erprobungsphase), das nach dem entsprechenden Plan ablaufende Training. Als Kontroll- und Überprüfungsinstanz des Trainingsplans liefert es die für die Planpräzisierung und Plankorrektur notwendigen „Rückinformationen". Beides zusammen, Konstruktions- und 1. Realisierungsphase, stellt die 1. Phase der Trainingsplanung dar.

Die Rückinformationen bewirken in der 2. Planungsphase die Überarbeitung des Plans, beispielsweise seiner Leistungsziele und seiner Belastungskennziffern. Aus dem überarbeiteten Plan können nun präzisierte, die jeweilige Trainingswirklichkeit berücksichtigende Pläne für definierte Trainingsabschnitte abgeleitet werden.

Die bei Realisierung dieser Trainingspläne gewonnenen Erfahrungen führen dann wiederum zur Planüberarbeitung und -korrektur in der 3. Phase der Trainingsplanung und so fort.

Jede Phase der Trainingsplanung besteht also aus zwei Abschnitten: Der Konstruktions- oder Planungsphase und der Realisierungsphase. Beide Abschnitte haben festgelegte Arbeitsschritte.

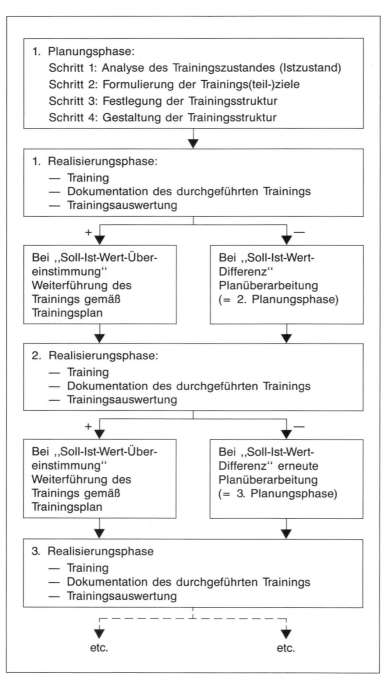

Abb. 11 Planungsphasen und Arbeitsschritte (mittel- und kurzfristiger Trainingsplanung)

MARTIN (17) gibt die Anzahl dieser Planungsphasen für ein Trainingsjahr mit drei bis fünf an.

Die nachfolgenden Erläuterungen beziehen sich schwerpunktmäßig auf die Konstruktion des Jahrestrainingsplans.

4.2 Erläuterungen zu den Arbeitsschritten in den Planungsphasen der Trainingsplanung

4.2.1 Erläuterungen zu Schritt 1: Analyse des Istzustandes

Problemstellung

Die Aufgabe der sich im Planungszeitraum meist mehrfach wiederholenden „Istzustandsanalyse" besteht in der möglichst exakten und umfassenden Bestimmung des momentanen Leistungszustandes des Sportlers, sowie in der Erfassung trainingsprozeßspezifischer äußerer Leistungsfaktoren unter Berücksichtigung des bisher absolvierten Trainingsprozesses.

Auswertung

Unter überwiegend sportartspezifischen Aspekten werden hierzu folgende *Tätigkeiten* notwendig:

— Überprüfung der Zielsetzung des vorangegangenen Trainingsabschnitts: Wurden die geplanten Trainingsziele/Wettkampfleistungen erreicht? — nicht erreicht? — übertroffen?

— Analyse des absolvierten Trainingsprozesses: Welche aus dem vorherigen Trainingsplan ersichtlichen Vorgaben wurden verwirklicht? Welche Störfaktoren traten auf? Gab es Verletzungen, Krankheiten, private, schulische oder berufliche Probleme?

— Exakte Diagnose des momentanen individuellen Leistungszustandes des Sportlers: Welche Ausprägungen weisen die personengebundenen leistungsdeterminierenden, also konditionellen, technischen und taktischen Faktoren auf? (Vgl. hierzu auch die Studienbriefe 8, 10, 14, 17, 18.)

— Möglichst vollständige Erfassung der jeweiligen trainingspraxisspezifischen äußeren Leistungsfaktoren: Welche Trainings- und Regenerationsbedingungen liegen vor? Gibt es Probleme bei Trainingsanlage, Geräten, Trainingszeit, Ernährung etc.?

— Wertung und kritische Würdigung der bisherigen Leistungsentwicklung/des bisher absolvierten Trainings: Decken sich Leistungsentwicklung und Leistungsprognose? War das vorherige Training effektiv? In welchem Ausmaß soll sich die zukünftige Planung an die bisherige anlehnen?

Aufgabe 4

Nennen Sie mindestens je zwei einfache Verfahren zur Grobdiagnostik der konditionellen Fähigkeiten

a) Kraft,

b) Ausdauer,

c) Schnelligkeit.

4.2.2 Erläuterungen zu Schritt 2: Formulierung der Trainingsziele

Als Vorgabe für die Trainingsplanung müssen Trainingsziele formuliert werden.

Problemstellung

Sie sind „didaktische Prognosen" (MARTIN) und beschreiben einen bisher nicht verwirklichten, aber — aufgrund der Istzustandsanalyse — als durch Training erwerb- bzw. stabilisierbar erachteten individuellen Leistungszustand. Die differenzierte, Teilziele berücksichtigende Beschreibung sollte mit Hilfe beobachtbarer und überprüfbarer Kriterien in Form von Kennwerten erfolgen und vom Sportler als realistische Perspektive der individuellen Leistungsentwicklung akzeptiert werden.

Auswertung

Vertiefende Informationen zum Problembereich der Trainingsziele können Studienbrief 20 entnommen werden.

Querverweis

←

Vgl. hierzu auch *Abb. 12* und die Beispiele in Kapitel 5 dieses Studienbriefes.

4.2.3 Erläuterungen zu den Schritten 3 und 4: Festlegung und Gestaltung der Trainingsstruktur

Definition

Die **Trainingsstruktur** beinhaltet „die — von den Prinzipien und Gesetzmäßigkeiten des Trainings bestimmte — Ordnung der wesentlichen Faktoren und Bestandteile des Trainings zum systematischen Leistungsaufbau" (19).

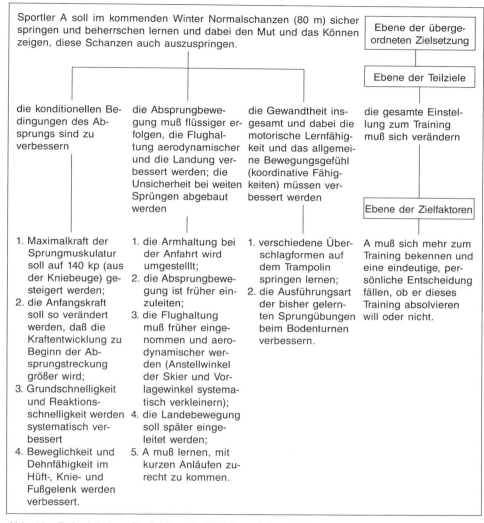

Abb. 12 *Beispiel einer Deduktion der Trainingsziele auf den verschiedenen Zielebenen (18)*

Auswertung   Die Fachliteratur nennt hier als Bedingungs- bzw. Gestaltungs-
faktoren eine Fülle von — sich teilweise überschneidenden —
Trainingsprinzipien oder *Grundsätzen des sportlichen Trainings,* die auf trainingspraktischer Erfahrung, teilweise auch
auf sportwissenschaftlicher Forschung gründen.

Sie sind nicht isoliert zu verstehen, sie beeinflussen und ergänzen sich und müssen im Rahmen der Trainingsplanung in ihrer
Gesamtheit „gedacht" und eingebaut werden.

Nachfolgend werden diejenigen „Trainingsprinzipien" näher charakterisiert, die besonders bei der Planung des Belastung-Erholung-Anpassungsprozesses berücksichtigt werden müssen. Die Darstellung orientiert sich aus Gründen der Übersichtlichkeit am zeitlichen Aspekt der Gestaltung des Trainingsprozesses (vgl. auch *Abb. 13*).

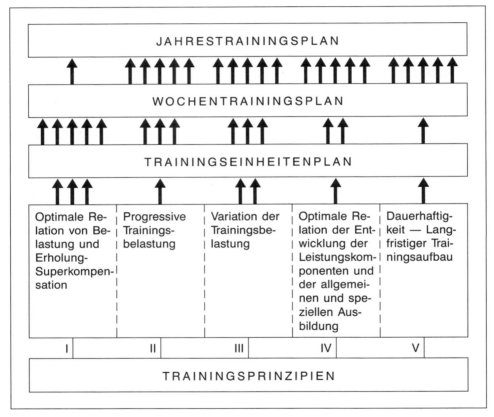

Abb. 13 Ausgewählte Trainingsprinzipien

Informationen zum „Trainingsprinzip der Entwicklungsgemäßheit", das sich in der Berücksichtigung alters-, entwicklungs- und geschlechtsspezifischer Besonderheiten bei der langfristigen Planung/Strukturierung des Trainingsprozesses äußert, sind in Studienbrief 23 zu finden.

Querverweis

Hinweis
━━━▶

Die angeführten Trainingsprinzipien müssen in unterschiedlichem Ausmaß bei der Gestaltung der Trainingsstruktur berücksichtigt werden. Die eingezeichneten Pfeile sollen dies — bezogen auf den jeweiligen Plantyp — verdeutlichen. Prinzipiell gilt: je mehr Pfeile, desto größere Berücksichtigung im entsprechenden Trainingsplan.

4.2.3.1 Prinzip der optimalen Relation von Belastung und Erholung — Superkompensation

Einführung

Wie aus den biologischen und biochemischen Grundgesetzen des Trainings ersichtlich ist, reagieren die Organ- und Funktionssysteme des Sportlers auf die durch Training gesetzten Belastungsreize mit Anpassungserscheinungen, die diesen Reizen adäquat sind.

Problemstellung

Der Prozeß der Entwicklung trainingsbedingter Anpassungserscheinungen verläuft in Phasen, die es vor allem bei der Planung der kleinsten Struktureinheiten des Trainingsprozesses, der Trainingseinheiten und der aus ihnen zusammengesetzten Mikrozyklen zu berücksichtigen gilt. Es werden die **Belastungsphase** und die **Wiederherstellungsphase** inkl. **Superkompensation** unterschieden, die jedoch als Einheit zu betrachten und zu planen sind.

Auswertung 1. Aspekt

Während des Trainings, d. h. der **Belastungsphase** laufen eine Vielzahl biologischer Prozesse wie Veränderungen an den Zellstrukturen, Veränderungen des Enzymgehalts, Verbrauch energiereicher Verbindungen, Ansammlungen von Stoffwechselzwischen- bzw. -endprodukten u. a. m. ab, die zur „reversiblen Herabsetzung der Funktionsfähigkeit" (HOLLMANN) führen.

Der Trainer beobachtet eine Verschlechterung der Reaktionsfähigkeit, Störungen im Bewegungsablauf wie plötzlich auftretende Koordinationsschwächen bzw. -mängel, die Verletzungsgefahr erhöht sich, der Sportler fühlt sich „müde und erschöpft".

Das Ausmaß der Ermüdung und die dadurch bedingte Zeit zur Erholung, die Erholungsintervalle — besser: die Zeit zur Wiederherstellung der optimalen Funktionsfähigkeit — ist abhängig von der jeweils vorausgegangenen Trainingsbelastung, hier besonders von Art und Ausmaß der in der Belastungsphase verbrauchten Energie.

Die Phase der **Wiederherstellung,** die auch als Nachbelastungsphase bezeichnet wird, schließt die Superkompensation ein.

2. Aspekt

„Superkompensation" bedeutet „überschießende Wiederherstellung": Dieses Phänomen kann aufgrund der Untersuchungsergebnisse von JAKOWLEW und Mitarbeitern (20) folgendermaßen charakterisiert werden: Jedes biologische System, welches aus dem für die funktionelle Ruhe charakteristischen dynamischen Gleichgewicht gebracht wird, kehrt in diesen Gleichgewichtszustand zurück. Dabei durchläuft es eine Phase überschießender, das Ausgangsniveau übersteigender Wiederherstellung seines biochemischen und funktionellen Potentials (vgl. *Abb. 14).*

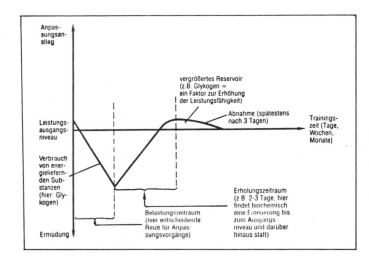

*Abb. 14
Veranschaulichungs-schema der biologi-schen Anpassung (Superkompensation) — gilt insbesondere für die Prozesse der Glykogendepotvergrö-ßerung (21)*

Die Wiederherstellungsphase läßt sich durch folgende biologische Vorgänge kennzeichnen:

— Normalisierung des inneren Milieus

— Herstellung optimaler neuromuskulärer Erregbarkeit

— Enzym- und Hormonregulierung

— Auffüllung verbrauchter Energievorräte über das Ausgangsniveau hinaus.

Diese nur grob skizzierten Prozesse laufen nicht gleichzeitig im Organismus des Sportlers ab, sie weisen einen organ- bzw.

funktionssystembedingten „Wellencharakter" auf. JAKOWLEW spricht von „Heterochronizität der Superkompensation" (22).

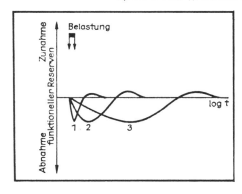

Abb. 15 Unterschiedliche Zeitkonstanten der Rückkehr funktioneller Größen zur Norm und des Verlaufs der Überkompensationsphasen. Dabei bedeuten: 1 = kurzdauernde Wiederherstellungsvorgänge (Sekunden bis Minuten), z. B. ATP, Kreatinphosphat, 2 = Wiederherstellungsvorgänge mittlerer Dauer (10 Minuten bis wenige Stunden), z. B. Glykogen, 3 = langdauernde Wiederherstellungsvorgänge (Stunden bis Tage), z. B. Enzyme und Strukturproteine (23)

Exkurs

„Unter der Belastung werden die verschiedenen Teilsysteme der Energiebevorratung, der Sauerstoffversorgung, der Stoffwechselmechanismen und der Regulationsmechanismen in unterschiedlicher Weise beansprucht. In der anschließenden Erholungsphase stellt der Organismus die veränderten Ausgangsbedingungen mit unterschiedlicher Geschwindigkeit wieder her. Dabei weisen die Wiederherstellungsvorgänge bei sehr hoher (maximaler oder nahezu maximaler) Belastung ein Überschwingen auf. Die Energiereserven sowie die potentiellen Stoffwechsel- und Regulationsmechanismen kehren nicht nur zum Ausgangszustand vor der Belastung zurück, sondern überschreiten ihn für einen gewissen Zeitraum. Dies hat zur Folge, daß die funktionelle Leistungsfähigkeit des betreffenden Systems für eine gewisse Zeit erhöht ist. Trifft den Organismus in diesem Zustand der Überkompensation (Superkompensation, d. V.) eine erneute Belastung gleicher Art, dann vollzieht sich der gleiche Ablauf der Beanspruchung und Wiederherstellung einschließlich Überkompensation wie bei der ersten Belastung. Es kommt zu einer Überlagerung und Verstärkung der Überkompensationseffekte und damit zu einer Zunahme der potentiellen Leistungsfähigkeit des betreffenden Systems des Organismus . . .
Voraussetzung für die Leistungssteigerung sind somit wiederholt hohe . . ., zu Ermüdungserscheinungen führende Belastungen . . . Um weitere Trainingseffekte zu erreichen, muß die absolute Belastungsgröße erneut gesteuert werden, so daß sie dem für den betreffenden Organismus augenblicklich bestehenden Maximalbereich nahekommt. Zwischen der Größe der Belastungssteigerung und der Größe der Leistungssteigerung besteht jedoch keine lineare Beziehung (vgl. *Abb. 16).* Die biologischen Anpassungsvorgänge nähern sich vielmehr einem Grenzwert, der für die verschiedenen Personen abhängig von den gegebenen Bedingungen differenziert ist" (24).

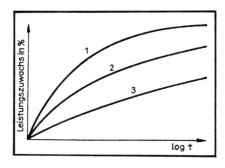

Abb. 16 Leistungszuwachs bei wiederholter hoher Belastung unterschiedlich rasch adaptierender funktioneller Systeme. Dabei bedeuten: 1 = Rasch adaptierendes System, z. B. Kraft der Muskelkontraktion bei Krafttraining, 2 = mäßig rasch adaptierendes System, z. B. maximale Sauerstoffaufnahme bei Ausdauertraining, 3 = langsam adaptierendes System, z. B. Ausbildung des Sportherzens, Bildung von Strukturproteinen, Veränderungen im Halte- und Stützapparat

Aufgabe 5

Ordnen Sie in einem groben, tabellarischen ,,Prinzipienschema" die durch Konditionstraining beanspruchten biologischen Systeme der Wiederherstellungsdauer zu.

In Kenntnis dieser skizzierten biologischen Gesetzmäßigkeiten ergeben sich folgende *Konsequenzen* für die *Trainingsplanung,* hier besonders für die Gestaltung der kurz- und mittelfristigen Trainingsstruktur:

Weiterführende Problemstellung

Belastung und Erholung müssen als Einheit geplant werden.

1. Aspekt

Der unterschiedliche Zeitbedarf für die Erholungsprozesse ist eine wesentliche, die Trainingsbelastung limitierende Größe.

2. Aspekt

Die ,,entscheidende Trainingswirkung" besteht ,,im Erreichen eines Mehrausgleichs (Super- oder Überkompensation)" (25). Um dies zu erreichen, ist es notwendig, die nächsten Belastungsreize, d. h. Trainingseinheiten jeweils optimal, das heißt nicht zu früh und nicht zu spät, zu planen. Zu früh eingesetzte Trainingsreize stören den Wiederaufbau, zu spät eingesetzte neue Trainingsreize führen zu einem „Verpassen" der überschießenden Wiederherstellungsphase als günstigem Zeitpunkt zur Setzung der Belastungsreize in der Absicht der Optimierung einiger Organ- bzw. Funktionssysteme.

Die *Abb. 17a—e* faßt fünf, in der Trainingspraxis anzutreffende Belastungs-Erholungsmodelle zusammen.

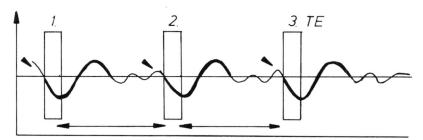

Abb. 17a   Modell 1 Stabilisierung der Leistungsfähigkeit

Erläuterung:

Die nächste Trainingsbelastung (▶) erfolgt *nach Ende* der Phase der überschießenden Wiederherstellung. Die neuen Belastungsreize treffen auf einen — verglichen mit der vorangegangenen Trainingseinheit (TE) — nicht wesentlich veränderten Anpassungs(Trainings)zustand.

⌢ = Belastungs-Wiederherstellungsverlauf der 1. TE

⌒ = Belastungs-Wiederherstellungsverlauf der nachfolgenden (hier 2.) TE

⌒ = Belastungs-Wiederherstellungsverlauf der wiederum nachfolgenden (hier 3.) TE

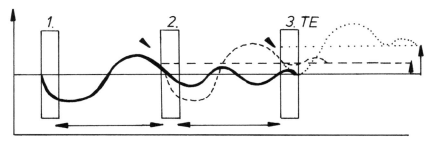

Abb. 17b   Modell 2 Entwicklung der Leistungsfähigkeit — kleiner Leistungszuwachs

Erläuterung:

Die nächste Trainingsbelastung (▶) erfolgt *gegen Ende* der Phase der überschießenden Wiederherstellung. Die neuen Belastungsreize treffen auf einen verbesserten (▲ ⬆) Anpassungs(Trainings)zustand.

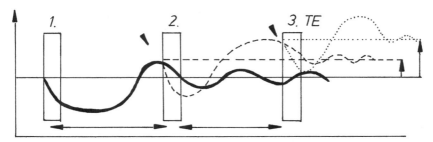

Abb. 17c   Modell 3 Entwicklung der Leistungsfähigkeit — größerer Leistungszuwachs

Erläuterung:

Die nächste Trainingsbelastung (▶) erfolgt *im Höhepunkt* der Phase der überschießenden Wiederherstellung. Die neuen Belastungsreize treffen auf einen verbesserten (▲ ⬆) Anpassungs(Trainings)zustand. Bei Anwendung dieses Modells kann, eine progressiv ansteigende Trainingsbelastung vorausgesetzt, ein vergleichsweise rascher, beständiger Leistungszuwachs beobachtet werden. Es führt jedoch noch nicht an die Grenze der organisch bedingten Trainierbarkeit.

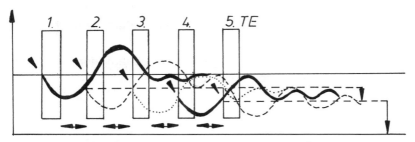

Abb. 17d   Modell 4 Abbau der Leistungsfähigkeit (= Übertraining)

Erläuterung:

Die nächste Trainingsbelastung (▶) erfolgt *noch im Erholungszeitraum* (z. B. vor dem Maximum der Phase der überschießenden Wiederherstellung). Die neuen Belastungsreize treffen auf einen verschlechterten Trainingszustand (▼ ⬇). Wird die Trainingsbelastung *langfristig* nach diesem Modell geplant, muß bei seiner Anwendung mit Leistungseinbußen, schließlich mit Symptomen eines Übertrainings gerechnet werden.

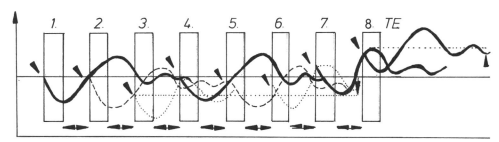

Abb. 17e   Modell 5 Entwicklung der Leistungsfähigkeit durch Ermüdungsaufstockung mit anschließender Erholung

Erläuterung:

Dieses Modell kombiniert Teile der Modelle 3 und 4. Mehrere, jeweils noch im Erholungszeitraum beginnende Trainingsbelastungen (im Beispiel der TEn 1 bis 3) werden von einem individuell zu bestimmenden längeren Erholungsintervall gefolgt. Diese Abfolge kann sich innerhalb eines Mikrozyklus mehrmals wiederholen.

HARRE (26) bezeichnet dieses Modell als ,,normale Variante der Belastungsfolge im Hochleistungstraining".

3. Aspekt   Die exakte **Bestimmung des individuellen Ausmaßes der Wiederherstellung** ist nur mit aufwendigen biochemischen und biomechanischen Untersuchungsmethoden möglich. Dazu gehören die Muskelbiopsie, die Elektromyographie und die Dynamographie. Eine Grobdiagnose kann mit Hilfe spezifischer **sportmedizinischer bzw. biomechanischer Tests** erfolgen.

Arbeits-anregung 4

Diskutieren Sie mit Kollegen die Anwendbarkeit und Aussagefähigkeit von Ihrer Meinung nach geeignet erscheinenden grobdiagnostischen Verfahren.

Die Trainingspraxis versucht bei der Gestaltung der kleinen Struktureinheiten Trainingseinheit und Mikrozyklus durch Anwendung **„flankierender" Maßnahmen** dem Prinzip der optimalen Relation von Belastung und Erholung zu entsprechen.

4. Aspekt

Einige Beispiele sollen das verdeutlichen:

Beispiele

— Trainingseinheit mit Ziel Schnellkraftentwicklung:
Förderung des „Bereitschaftsgrads" der Wiederherstellung durch Lockerungsübungen für die bisher belasteten Muskelgruppen und durch geringe Belastung der bisher „ruhenden" Muskulatur.

— Trainingseinheit mit Ziel Entwicklung der anaeroben Ausdauer: Auslaufen, Ausschwimmen etc. am Ende der TE zur Förderung des Milchsäureabbaus, der „aktiven Entschlackung".

— Ernährungsmaßnahmen:
Nach Trainingseinheiten gilt die Reihenfolge: erst Flüssigkeitsersatz, dann Auffüllung der Energiedepots durch Zufuhr leicht verdaulicher Kohlehydrate, dann Eiweißzufuhr zum Strukturaufbau. Eine ausreichende Zufuhr von Mineralien, essentiellen Aminosäuren und Vitaminen muß gewährleistet sein. Es sollten mehrere kleine Mahlzeiten über den Tag verteilt werden — nicht zu kurz vor bzw. nach der TE; der Zusammensetzung der Abendmahlzeit sollte besondere Beachtung geschenkt werden, damit der Wiederherstellungsprozeß während der Nachtruhe unterstützt wird.

— Physiotherapeutische Maßnahmen:
Planung von Maßnahmen zur Durchblutungsförderung wie Vollbäder, Entspannungsbäder, Sauna — letztere frühestens 30 min nach Belastungsende —, Wechselduschen, Massage etc., Planung von Maßnahmen zur Entzündungshemmung wie kühle Umschläge oder Salbenverbände.
Die Planung der zuletzt angesprochenen, den individuellen Wiederherstellungsprozeß flankierenden Maßnahmen sollte in enger Zusammenarbeit mit dem Sportphysiotherapeuten und dem Sportarzt erfolgen.

— Beschleunigung des Wiederherstellungsprozesses durch Einsatz psychoregulativer Verfahren wie autogenes Training und progressive Muskelentspannung.

Aufgabe 6

Erstellen Sie eine Checkliste über Wiederherstellungsmaß-nahmen!

Arbeits-anregung 5

Konstruieren Sie unter Berücksichtigung des Trainingsprin-zips der optimalen Relation von Belastung und Erholung-Superkompensation für Ihre Sportart einen

1. Mikrozyklus

2. Makrozyklus.

Definieren Sie zuvor die Rahmenbedingungen (Trainingsstu-fe, Periodenzyklus, Leistungsniveau etc.).

4.2.3.2 Prinzip der progressiven Belastung

Problem-stellung

Dieses Prinzip muß besonders im Rahmen der mittel- und lang-fristigen Gestaltung der Trainingsstruktur berücksichtigt wer-den. Es läßt sich durch folgende Grundsätze näher charakteri-sieren:

Grundsätze

1. Gleichbleibende Trainingsanforderungen belasten mit der Zeit den Sportler immer weniger und verlieren schließlich ihre leistungssteigernde Wirkung.

2. Die Steigerung der Belastungsanforderungen erfolgt mit Hilfe der Kategorien Belastungsnormative, Bela-stungsverfahren und Belastungsstruktur sowie durch Änderung äußerer Leistungsfaktoren wie Trainingsge-rät, Trainingsort, Trainingsstätte etc.

3. *Wesentlichen Einfluß auf die Leistungsentwicklung hat die Steigerung der Belastungsnormative Belastungsumfang und Belastungsintensität. Die Erhöhung des Belastungsumfangs führt in der Regel zu einer besseren Belastungsverträglichkeit, die als notwendige Basis für eine effektive Steigerung der Belastungsintensität anzusehen ist.*

4. *Belastungsänderungen müssen gerichtet, das heißt in Abhängigkeit von Trainingsziel und momentanem individuellen Leistungszustand erfolgen.*

5. *Die sportliche Leistungsfähigkeit wird mit Hilfe sprunghafter Belastungsänderungen in bestimmten Zeitabständen effektiver als durch gleichmäßige allmähliche Erhöhung der Belastungsanforderungen entwickelt.*

6. *Die durch „Belastungssprünge" hervorgerufenen Anpassungs- und Festigungsprozesse verlaufen nicht parallel. Exakte Protokollierung der Trainingsbelastung sowie regelmäßige Durchführung aussagekräftiger leistungsdiagnostischer Verfahren werden somit notwendig.*

Vgl. zu diesem Prinzip die nachfolgende *Abb. 18.*

Hinweis

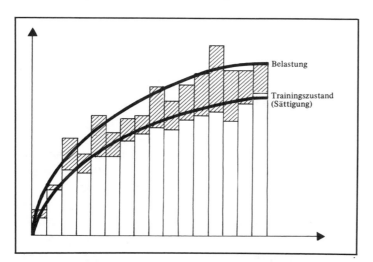

Abb. 18   Das „Prinzip der progressiven Belastung" und die „nichtlineare" Leistungssteigerung (27)

4.2.3.3 Prinzip der Variation der Trainingsbelastung

Problemzu-sammenhang Dieses Prinzip beruht auf Einsichten in die Gesetze des Bewegungslernens.

Grundsätze

> *Es läßt sich wieder durch einige Grundsätze charakterisieren:*
>
> 1. *Der langfristige Trainingsprozeß bedarf zur Sicherung des Leistungsfortschritts besonders in der Trainingsstufe des Hochleistungstrainings der gezielten Variation von Trainingsbelastung, Trainingsinhalt und Trainingsmethoden.*
>
> 2. *Die Variation vermindert das Risiko einer Barrierenbildung. Im Techniktraining ist Barrierenbildung in Form des automatisierten, unter Wettkampfstreß verfügbaren Bewegungsablaufs (dynamisches Stereotyp) ein wichtiges Trainingsziel. Im Konditionstraining dagegen führt die Beibehaltung gleichartiger Trainingsreize oft zu Geschwindigkeits- bzw. Kraftbarrieren, die nur im Ausnahmefall, beispielsweise in der Phase der relativen Stabilisierung der sportlichen Form, als Trainingsziel anzusehen sind.*
>
> 3. *Mit zunehmender Spezialisierung verringert sich der Variationsspielraum. Spezialisierung bedeutet ein „beständiges Ausschalten von Trainingsinhalten"* (LETZELTER).

Querverweis
➤ Näheres hierzu finden Sie in den Studienbriefen „Training der konditionellen Fähigkeiten" und „Bewegungslernen und Techniktraining".

4.2.3.4 Prinzip der optimalen Relation der Entwicklung der Leistungskomponenten und Prinzip der optimalen Relation von allgemeiner und spezieller Ausbildung

Problemzu-sammenhang Erfahrungen eines zunehmend systematischer geplanten und wissenschaftlich begleiteten Nachwuchstrainings (vgl. Studienbrief „Training im Kindes- und Jugendalter") wie auch die verstärkten Bemühungen der sportwissenschaftlichen Disziplinen um Objektivierung, Präzisierung und Strukturierung von Leistungskomponenten unter sportartspezifischem Aspekt (28) lassen es gerechtfertigt erscheinen, die nachfolgenden Ausführungen zu diesem „Prinzipienkomplex" als „Rahmenempfehlungen" anzusehen.

Sie bedürfen der fortlaufenden Überprüfung und Anpassung durch und an die spezifische Trainingswirklichkeit.

Grundsätze

Folgende Grundsätze charakterisieren diesen Prinzipienkomplex:

1. *Die Entwicklung der einzelnen sportartspezifischen Leistungsfaktoren sowie die Entwicklung der sich daraus ergebenden spezifischen Leistungsstruktur ist an eine relativ stabile Ordnung und Folgerichtigkeit der Trainingsmaßnahmen gebunden. Die Entwicklung der sportlichen Leistungsfähigkeit hat „Quasi-Gesetzescharakter"; er sollte in voneinander abgeleiteten Trainingsplänen seine Berücksichtigung finden.*

2. *Die Folgerichtigkeit der Trainingsmaßnahmen betrifft besonders*
   — *die Auswahl der Trainingsinhalte*
   — *die Reihenfolge des Einsatzes der Trainingsinhalte nach den Grundsätzen „vom Einfachen zum Komplizierten", „vom Allgemeinen zum Speziellen", „Nutzung positiver Übertragungseffekte" (vgl. auch Abbildung 19. Die theoretischen Grundlagen dieser Prinzipien finden Sie im Studienbrief „Bewegungslernen und Techniktraining")*
   — *die Reihenfolge der Trainingsschwerpunkte (Trainingsziele)*
   — *die Gestaltung der Trainingsbelastung*
   — *die Änderung der Relation der Belastungsnormative wie Belastungsumfangs-Belastungsintensitätsverhältnis, Verhältnis von allgemeiner zu spezieller Trainingsbelastung etc.*

3. *Die Anteile allgemeiner und spezieller Ausbildung verändern sich in Abhängigkeit vom sich entwickelnden Trainingszustand im Sinne einer zunehmenden Spezialisierung.*

4. *Sportart- bzw. disziplinspezifische Überlegungen müssen verstärkt Berücksichtigung finden, wenn die Anteile von Konditions-, Technik- und Taktiktraining langfristig geplant werden sollen.*

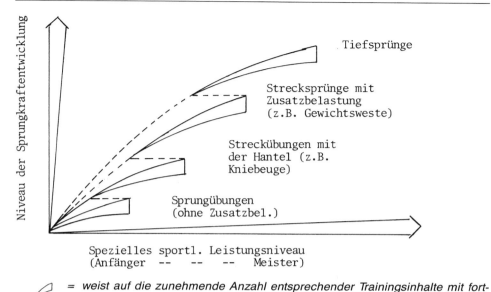

Abb. 19 *Reihenfolge der Trainingsinhalte (besonders Sprungübungen) zur Entwicklung der Sprungkraft (29)*

Arbeits-anregung 6

Konstruieren Sie — unter Berücksichtigung des Trainings-prinzips der optimalen Relation der Entwicklung der Lei-stungskomponenten — Ihr

a) sportartspezifisches
b) disziplinspezifisches Leistungsstrukturmodell.

4.2.3.5 Prinzip der Dauerhaftigkeit und des langfristigen Trainingsaufbau

Sportliche Höchstleistungen werden in der Regel nach einem mehrjährigen Vorbereitungszeitraum erreicht, der in die Trainingsstufen Grundlagen-, Aufbau- und Hochleistungstraining untergliedert werden kann.

Einführung

Dabei gilt es allgemein, die folgenden Erfahrungen der Trainingspraxis zu berücksichtigen:

Problemstellung

Grundsätze

---

1. **Nur ein weitgehend ununterbrochenes sportliches Training führt zu optimaler Entwicklung bzw. relativer Stabilität der Leistungsfähigkeit.**
2. **Je schneller Leistungsfaktoren entwickelt werden, als desto labiler erweist sich der Trainingszustand.**
3. **Längeres Ausbleiben der Trainingsbelastung führt zur Reduzierung der Leistungsfähigkeit, d. h. zur Rückbildung trainingsbedingter Anpassungserscheinungen.**
4. **Durch eine Trainingsunterbrechung bilden sich die Leistungsfaktoren unterschiedlich schnell zurück, im konditionellen Bereich beispielsweise zuerst Ausdauer, dann Kraft-, dann Schnelligkeitsfähigkeiten.**
5. **Das Rückbildungstempo ist abhängig von Trainingsalter und Leistungsniveau. Hochtrainierte Sportler erweisen sich als leistungsstabiler.**
6. **Wird eine akzentuierte Belastungsgestaltung geplant, sollten die für diesen Trainingsabschnitt als (vorübergehend) vernachlässigbar erachteten Leistungsfaktoren zumindest einem „Erhaltungstraining" unterworfen werden.**

Die aufgeführten Trainingsstufen sind als einheitlicher Prozeß zu planen, wobei Beginn und Dauer nicht allgemeinverbindlich festgelegt werden können. Die Trainingspraxis berücksichtigt bei der Festsetzung des Beginns des langfristigen Trainingsprozesses das Höchstleistungsalter für die betreffende Sportart und die Erfahrungswerte, die bei der Entwicklung der sportlichen Form gesammelt wurden.

Weiterführende Problemstellung Die einzelnen Trainingsstufen haben unterschiedliche Ziele.

1. Aspekt Die wichtigsten allgemeinen Planungsziele des **Grundlagentrainings** sind:

— Entwicklung einer hohen Belastungsverträglichkeit und Anpassungsfähigkeit, verbunden mit einer Stabilisierung der Gesundheit

— Entwicklung eines breiten und stabilen konditionellen Fundaments, wobei zunehmend die sportartspezifischen konditionellen Leistungsfaktoren berücksichtigt werden

— Umfassende Entwicklung technomotorisch-koordinativer Leistungsfaktoren. D. h. Erarbeiten einfacher sportmotorischer Bewegungsabläufe wie Grundfertigkeiten der gewählten, aber auch weiterer Sportarten und sportartspezifische Trainingsübungen

— Herausbildung spezifischer Verhaltenseigenschaften wie Belastungsbereitschaft, Leistungsstreben, Konzentrationsfähigkeit, Trainingsbedürfnis etc.

— Kenntnisvermittlung in den Bereichen Wettkampfbestimmungen, Spielregeln, Wirkungsweise von Trainingsmethoden, Einsatz von Trainingsmitteln etc.

Für das Grundlagentraining werden, je nach Sportart, Höchstleistungsalter und individuellem Leistungszustand, Zeiträume von zwei bis fünf Jahren angegeben.

2. Aspekt Die wichtigsten allgemeinen Planungsziele des **Aufbautrainings** sind:

— Optimierung des konditionellen Fundaments mit Schwerpunktsetzung bei den sportartspezifischen Erscheinungsweisen (z. B. Sprungkraft, Laufausdauer, Sprintschnelligkeit . . .)

— Entwicklung und Vervollkommnung der Grundfertigkeiten bis hin zum Ausprägungsgrad der variablen Verfügbarkeit in Wettkampfsituationen. Die jeweilige Zieltechnik, also das Techniknivau des Hochleistungsathleten, muß bis zur Stabilisierungs-Automatisierungsstufe erarbeitet werden

— Vervollkommnung der taktischen Leistungskomponenten (30).

Nach LETZELTER soll das Aufbautraining ein bis drei Jahre vor Beginn des Höchstleistungsalters beendet sein. Mit dem

Höchstleistungsalter bzw. mit der sportartspezifischen Leistungsstruktur steht es im folgenden Zusammenhang: „Je früher das Hochleistungsalter liegt, desto kürzer ist die Dauer des Aufbautrainings. Es ist dort am längsten, wo Kraft und Ausdauer leistungsdeterminierend sind. Es ist kürzer in den Sportarten, in denen technische Fertigkeiten dominieren" (31).

Aufgabe 7

Erstellen Sie eine „Stichworttabelle" der Planungsziele und ordnen Sie diese schwerpunktmäßig den Spalten „Grundlagentraining" und „Aufbautraining" zu.

3. Aspekt

Die wichtigsten allgemeinen Planungsziele des **Hochleistungstrainings** sind:

— Herausbildung der sportartspezifischen konditionellen Leistungsfaktoren bis zum individuell höchstmöglichen Niveau. Die übrigen, nicht primär leistungsbestimmenden konditionellen Faktoren müssen bis zum individuell optimalen Ausprägungsgrad entwickelt bzw. stabilisiert werden.

— Weitere Vervollkommnung des sportartspezifischen Bewegungsablaufs, d. h. der Zieltechnik. Dazu müssen u. a. die qualitativen Merkmale des Bewegungsablaufs wie Bewegungsgenauigkeit, -rhythmus, -übertragung etc. bis zur optimalen, teilweise maximalen Ausprägung entwickelt und stabilisiert werden, um die Zieltechnik auf der Stufe der Wettkampfstabilität automatisieren zu können.

— Bei Sportarten mit relativ hohem Anteil von Taktik an der Leistungsstruktur wird die weitere Vervollkommnung der taktischen Leistungsfaktoren notwendig, damit die taktischen Fähigkeiten situationsspezifisch und effektiv eingesetzt werden können.

— Zunehmende Beteiligung des Sportlers an den in Training und Wettkampf anfallenden Entscheidungsprozessen.

Aus dem Zusammenspiel der angesprochenen Ziele ergibt sich das übergreifende Planungsziel dieser Trainingsstufe: die Entwicklung der individuellen Topform.

Hinweis
——————▶

Der Übergang von einer Trainingsstufe zur nächsten kann sich, bei Berücksichtigung der individuellen Leistungsentwicklung und Persönlichkeitsstruktur, an Leistungsnormen der Sportart oder Richtwerten einzelner Leistungsfaktoren orientieren.

**Arbeits-
anregung 7**

Konkretisieren Sie die Planungsziele des Aufbautrainings und den Übergang zum Hochleistungstraining an einem sportartspezifischen Beispiel.

4.3 Zur Umsetzung der Trainingsprinzipien in Trainingspläne

Einführung

Unter Berücksichtigung der Ergebnisse bzw. Setzungen der beiden ersten Schritte der Trainingsplanung (1. Analyse des individuellen Trainingszustandes, 2. Formulierung der Trainingsziele) stellt sich dem Trainer nun die Aufgabe, auf der Basis der dargestellten Trainingsprinzipien die jeweilige Trainingsstruktur festzulegen und planerisch-perspektivisch zu gestalten, d. h. die Trainingsprinzipien in konkrete Trainingspläne umzusetzen.

**Problem-
stellung**

Um die wesentlichen Faktoren und Bestandteile des Trainings zum systematischen Leistungsaufbau ordnen zu können, werden folgende Schritte notwendig:

Auswertung

Zunächst erfolgt die Festlegung der *Periodenzyklen:* Die Fragestellung ist hier: Soll das Trainingsziel (z. B. die Topform) mit Hilfe der eingipfligen oder der mehrgipfligen Periodisierung erreicht werden?

Es folgt die Präzisierung des 1. Schrittes durch die Festlegung der Makrozyklen: Hier geht es darum, in wieviel Makrozyklen die jeweiligen Periodenzyklen untergliedert werden sollen und welche Reihenfolge zweckmäßig erscheint.

Die Festlegung und inhaltliche Differenzierung der wesentlichen Struktureinheiten des Trainingsprozesses, der Trainingseinheiten und der aus ihnen zusammengesetzten Mikrozyklen, ist der letzte Schritt.

Bei der Festlegung der Mikrozyklen hat der Trainer wieder eine Reihe von Aufgaben.

Weiterführende Problemstellung

Seine erste Aufgabe besteht in der Auswahl **der Trainingsinhalte** und ihrer **Systematisierung zu Übungsgruppen.**

Auswertung 1. Aspekt

Im allgemeinen wird zwischen *allgemein entwickelnden Übungen, Spezialübungen* und *Wettkampfübungen* unterschieden. Diese Gliederung ist jedoch recht grob und für die Praxis zu ungenau.

Eine differenziertere Gliederung stellt MARTIN (32) vor: Er unterscheidet:

„1.Übungsformen zur Entwicklung der motorischen Grundeigenschaften und der komplexen sportmotorischen Eigenschaften . . .

2. Übungsformen zur Schulung der Technik und der Taktik . . .
3. Übungsformen im Rahmen von Testverfahren
4. Wettkampfübungsformen zur Entwicklung der angesteuerten Wettkampfleistung."

Noch weiter differenzieren BAUERSFELD/SCHRÖTER.

Die folgende *Abb. 20* zeigt die allgemein entwickelnden und die Spezialübungen im Überblick. Die Systematisierung orientiert sich an der Bewegungsstruktur und dem Belastungscharakter der Trainingsübungen im Vergleich zur Wettkampfübung (WKÜ).

Die einzelnen Übungsgruppen sind folgendermaßen zu charakterisieren (34):

Allgemeine vorbereitende Übungen (AVÜ)	— Stimmen weder in bewegungsstrukturellen Merkmalen noch in der spezifischen Arbeit und Beanspruchung des Organismus mit der WKÜ überein;
	— nehmen keinen unmittelbaren Einfluß auf die spe-

zielle Leistungsentwicklung, dienen aber der zumeist komplexen Herausbildung elementarer konditioneller und koordinativer Fähigkeiten, indem die Aneignung ihrer meist einfachen, aber vielfältigen Strukturen wichtige Lern- und Anpassungsfunktionen in den Grundzügen ausprägt.

Allgemeine Koordinations- übungen (AKOÜ)

— Haben mit der WKÜ kaum äußerliche strukturelle Merkmale, aber ähnliche sensomotorische Koordinationsmuster (vor allem für die WKÜ wichtige koordinative Zusammenhänge) gemeinsam;

— in der Belastungstypik von der WKÜ relativ unabhängig, zielen nicht direkt auf die Schulung bewegungstechnischer Elemente, sondern auf die Einflußnahme auf psychophysische Funktionen und das Sinnesorgan-Nerv-Muskel-Zusammenspiel;

— unterstützen effektive Lernprozesse und die Ausprägung stabiler koordinativer Merkmale der WKÜ.

Allgemeine Konditions- übungen (AKÜ)

— Stimmen mit der raum-zeitlichen (kinematischen) und zumeist auch kraft-zeitlichen (dynamischen) Struktur der WKÜ nicht überein, nur mittelbarer Einfluß auf die Leistungsentwicklung, indem sie in relativ allgemeiner und oft komplexer Wirkung die konditionellen Grundfähigkeiten vervollkommnen;

— besitzen bei relativ geringer Belastungsspezifik einen mittleren bis hohen Belastungsgrad.

Spezielle vorbereitende Übungen (SVÜ)

— In der Bewegungsstruktur einzelnen Phasen (meist Hauptphase) der WKÜ ähnlich; belastungstypisch durch gleiche Beanspruchung in Grundfähigkeiten und Organsystemen;

— belastungsorientiert eingesetzt, schaffen konditionelle und koordinative Voraussetzungen für die WKÜ, unterstützen die Herausbildung der elementaren Bewegungsgrundform.

Grund- übungen (GÜ)

— Stimmen mit Grundstruktur bzw. Teilen der WKÜ kinematisch überein; in höheren Stufen bereits belastungstypisch;

— bilden eine kurze aufeinander aufbauende, meist zusammenfügende Übungsreihe, deren letzte Stufe die Grobausprägung der WKÜ ist;

— zielen direkt auf die Erarbeitung des Bewegungsablaufs, in entsprechender Reizdosierung zur Entwicklung disziplinspezifischer Voraussetzungen geeignet.

Spezielle Technik- übungen (STÜ)

— Gesamtbewegung oder isolierte Teile unter akzentuierten bzw. erschwerten koordinativ-technischen Anforderungen;

— Ähnlichkeiten, aber teilweise (bei Einzelphasen) auch Abweichungen von der Belastungsspezifik der WKÜ;

— zielen auf die kinematische Vervollkommnung und die Stabilisierung der variablen Verfügbarkeit.

Spezielle Konditions- übungen (SKÜ)

— Entsprechen zumeist in Teilen der Grundstruktur der WKÜ (dominierende Phasen), kinematische und dynamische Übereinstimmungen werden angestrebt, können aber auch fehlen;
— dienen vorrangig der Entwicklung der dominieren- den, speziellen konditionellen Fähigkeiten (und de- ren spezifischen Erscheinungsformen), aber auch notwendiger hoher Ausprägung begrenzender Fä- higkeiten;
— wirken mit höchsten psychophysischen Anforderun- gen (oft) isoliert fähigkeitsspezifisch und regional bis lokal auf die Organsysteme.

Komplexe Spezial- übungen (KSÜ)

— Gleichen der WKÜ in Struktur und Belastungswir- kung bzw. stellen an eine der beiden Seiten höhere oder differenzierte Anforderungen;
— beabsichtigen die komplexe Entwicklung von spe- ziellen Fähigkeiten und Technik, vervollkommnen besonders die kinematische und dynamische Struk- tur der Bewegung;
— typische Übung ist die unter Trainingsabsicht einge- setzte WKÜ sowie deren erschwerte Variante.

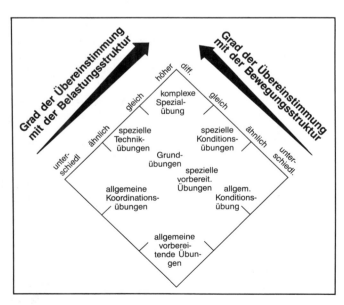

Abb. 20 Schematische Darstellung des Systems der Übungen (33)

**Arbeits-
anregung 8**

Erstellen Sie eine Checkliste von Trainingsinhalten aus Ihrer Sportart und ordnen Sie sie nach dem Grad der Übereinstimmung von Belastungs- bzw. Bewegungsstruktur mit der Wettkampfübung.

Die zweite Aufgabe des Trainers bei der Erarbeitung von Mikrozyklen ist die **Festlegung der Belastungsgrößen:**

2. Aspekt

Die Dosierung der Trainingsbelastung erfolgt durch Angaben zu den Belastungsnormativen ***Belastungsintensität, -umfang, -dauer, -dichte, -häufigkeit*** und ***Trainingshäufigkeit*** (vgl. Studienbrief „Training der konditionellen Fähigkeiten").

Über Variationsmöglichkeiten zweier wesentlicher Belastungsfaktoren und den bei ihrer Festlegung zu berücksichtigenden Zusammenhang zum jeweiligen Bewegungsablauf informiert die folgende Übersicht über „Möglichkeiten der Belastungsangaben und der strukturellen Präzisierung in der Trainingsübung" (35).

Präzisierungsmöglichkeit

Reizstärke   — Geschwindigkeit (m/s, km/h)
                — Normzeit (in . . . s)
                — Größe der Widerstände (kp, nkp, mkp/s)
                — Bewegungsfrequenz
                — Weite oder Höhe der Bewegung

— Ausführung unter erleichterten oder erschwerten Bedingungen (z. B. im Turnen wie Hilfeleistung, erleichternde oder erschwerte Gerätebedingungen, Einsatz in Bewegungskombinationen)
— Wettkampf- oder wettkampfnaher Charakter

Reizdauer
— Belastungsdauer (s, min)
— Streckenlänge (m, km)
— Anzahl der Wiederholungen innerhalb der Reizserie (Belastungsangaben können auch versteckt vorliegen, z. B. in Formulierungen wie Wettkampfgerät, Wettkampf, auf Zeit, aus 7 Schritten Anlauf u. a.)

Struktur
— Bestimmung einer genaueren Ausführungsweise, z. B. durch Angaben zu einem bestimmten räumlichen Bewegungsverlauf, zur Ausgangsstellung, zum Verhältnis von Körperteilen zueinander, durch die Bestimmung des Übungsgerätes, durch den Ein- oder Ausschluß von Körperteilen
— Kopplung mit wenigen anderen Körperübungen
— Begrenzung auf Teilbewegungen

Grundsatz

> **„Die Kennzeichnung einer Trainingsübung sollte immer als Festlegung des Bewegungsablaufes und wichtiger Belastungskomponenten erfolgen, und zwar so detailliert, daß die Realisierung und Wiederholbarkeit (auch durch andere Personen) in annähernd gleicher Form durchgeführt werden kann und eine im wesentlichen gleiche Wirkung auf den Organismus gesichert ist . . . Dabei muß die jeweilige Trainingsübung, die als Zielorientierung dient, verglichen und danach entsprechend eingeordnet werden"** *(36)*.

---

3. Aspekt

Eine weitere Aufgabe ist die **Bestimmung der Trainingsmethoden.** Trainingsmethoden können als allgemeine Verfahrensweisen zur Entwicklung bzw. Stabilisierung des Trainingszustandes gekennzeichnet werden, die vom Trainer immer hinsichtlich der speziellen Trainingssituation präzisiert werden müssen. Vorzugsweise zur Entwicklung von Leistungsfaktoren aus den Bereichen Kraft und Ausdauer dienen die *Dauermethode,* die Methode der *intensiven Intervallarbeit* und die *Wiederholungsmethode.* Trainingsmethoden zur Entwicklung technomotorischer und taktischer Leistungsfaktoren sind z. B. die *Ganzheits-* und die *Teillernmethode.* Daneben gibt es noch die *Wettkampf-* oder *Kontrollmethode.*

Querverweis

Eine ausführliche Charakteristik dieser Methoden ist in den Studienbriefen „Training der konditionellen Fähigkeiten" und „Bewegungslernen und Techniktraining" zu finden.

4. Aspekt

Die Festlegung der diagnostischen Verfahren zur Überprüfung des Trainingszustandes ist der vierte wichtige Schritt bei der Erarbeitung von Mikrozyklen.

„Leistungsdiagnostik muß regelmäßig und in kurzen Zeitabständen und möglichst komplex erfolgen. Sie ist schnell auszuwerten und in Verbindung mit den Ergebnissen der ständigen Beobachtung des Trainers zu interpretieren. Nur dann wird es möglich sein, den Einfluß des durchgeführten Trainings und die individuellen Stärken und Schwächen der Sportler zu ermitteln, sowie schnell auf den weiteren Verlauf des Trainings Einfluß zu nehmen" (37).

Querverweis

Die zielorientierte Planung der leistungsdiagnostischen Verfahren ist eine wesentliche Voraussetzung zur Steuerung und Regelung des Trainingsprozesses. Darüber informiert Sie der Studienbrief 1.

Die Abb. 21 (S. 72) gibt Ihnen eine Grobübersicht über gängige leistungsdiagnostische Verfahren.

Aufgabe 8

Nennen Sie trainingspraktische Anforderungen für den Einsatz leistungsdiagnostischer Verfahren.

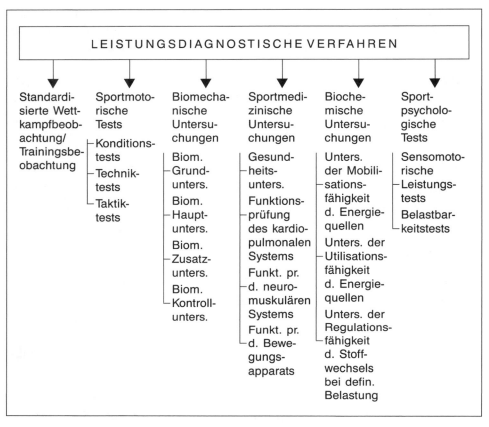

Abb. 21 *Grobübersicht über gängige leistungsdiagnostische Verfahren im Hochleistungssport*

| Erstellen Sie unter sportartspezifischem Aspekt ein Raster leistungsdiagnostischer Verfahren und arbeiten Sie diese Verfahren in einen Mehrjahrestrainingsplan ein. | **Arbeitsanregung 9** |

5. Aspekt   Als letzte Aufgabe ist die **Festlegung von Verfahren zur Doku-mentation des Trainingsverhaltens (Trainingsdokumenta-tion)** zu nennen.

Unter Trainingsdokumentation ist „die systematische Samm-lung, die Zusammenordnung nach Merkmalen, die Auswer-tung, Ergebnisverarbeitung und Nutzbarmachung von Trainingsdaten zu verstehen" (38). Mit Hilfe der Trainingsdoku-mentation wird es möglich, den entsprechenden Trainingsplan auf seine Verwirklichung hin zu überprüfen und durch Bearbei-tung der erhobenen Daten — unter Berücksichtigung der lei-stungsdiagnostischen Ergebnisse — Aussagen über die Wirkungsweise des Trainings zu machen. Man spricht auch von der „Abrechenbarkeit der Planung".

Für die Trainingsdokumentation müssen vorbereitet werden

— benutzerfreundliche Trainingsbücher oder Trainingsbögen, die vom Sportler nach jeder Trainingseinheit auszufüllen sind. Die Trainingseinheiten können auch auf einem Wo-chenblatt zusammengefaßt werden

— Trainingsprotokolle, in denen der Trainer Daten ausgewählter Trainingseinheiten wie Test-Trainingseinheiten, Testwett-kämpfe, „Lern-Trainingseinheiten", „Grenzbelastungstrai-ningseinheiten" etc. registriert, um — nach möglichst unmittelbarer Bearbeitung der Daten — Rückschlüsse für die weitere Gestaltung der nachfolgenden Trainingseinheiten ziehen zu können.

Bei der Planung dieses Arbeitsschrittes sollten verstärkt die technischen Hilfsmittel Tonband, Video, Kleincomputer u. a. m. eingesetzt werden.

Die nachfolgenden (einfachen) Beispiele sollen Sie anregen (zunehmend mehr und mehr), Abschnitte des von Ihnen ge-planten und betreuten Trainings zu dokumentieren.

Beispiel 1:   Trainingsdokumentation Hochsprung (Frauen) (39)

Darstellung: Abb. 22

Code: 1   Name: Woche/Jahr: 1/86

Laufarbeit	Trainings-einheiten	Anzahl	Zeit
Lauf-ABC			
Koordinationsl.			
Y-Läufe			
20 m fliegend			
30 m			
60 m			
Hürdenläufe			
Dauerlauf			
Tempoläufe			
Bemerkungen:			

Code: 1   Woche/Jahr: 1/86

Sprungkraft	Trainings-einheiten	Anzahl	Höhe
Horizontalsprünge			
HS beidbeinig			
HS TO			
HS einbeinig			
Tiefsprünge			
Bemerkungen:			

Code: 1   NameName: Woche/Jahr: 1/86

Kraftarbeit	Trainings-einheiten	8er Wieder-holungen	6er Wieder-holungen	4er Wieder-holungen
Rumpf				
Halbe KG				
T-KB				
R-KB				
Beinschubgerät				
Umsetzen				
Fuß/Waden				
Sonstiges				
Bemerkungen:				

Code: 1   Woche/Jahr: 1/86

Technik	Trainings-einheiten	Anzahl submaximal	Anzahl maximal
Imitation v. Anl.			
Imitation k. Anl.			
Schersprünge			
Sprünge a. Skip			
Flop voller Anl.			
Flop kurzer Anl.			
Bemerkungen:			

Abb. 22   Trainingsdokumentation Hochsprung Frauen

Anmerkung:

Die beim Hochsprungtraining schwerpunktmäßig trainierten Formen können in vier Klassen zusammengefaßt werden. Diese bilden im Trainingsprotokoll die Seiten 1 bis 4 mit den Angaben zu Trainingsform, Umfang und Intensität. Damit wird das Wochentrainingsprotokoll auf vier Seiten zusammengefaßt und kann ökonomisch ausgewertet werden (40).

Beispiel 2: Trainingsdokumentation Gerätturnen (41)

Darstellung: Abb. 23

Name: Woche: 23
Wochentag: Montag

Boden				Seitpferd				Ringe				Sprung				Barren				Reck				Kraft	
EL	+	O	—	EL	+	O	—	EL	+	O	—	EL	+	O	—	EL	+	O	—	EL	+	O	—	EL	Anzahl
12	3	6	5					4	5	8	7					10	10	12	5					4	32
2	3	6	9					2	3	6	9					8	7	9	6					6	18
4	25	3	8					18	1	7	3					12	3	6	5					8	6
	31	15	22						9	21	19						20	27	16						
t: 60								t: 45								t: 60								t: 20	
I: 1.13								I: 1.09								I: 1.05									

Abb. 23 *Tagestrainingsprotokoll Gerätturnen*

Anmerkung:

Zu Beginn einer Trainingsperiode werden die individuellen Ziele in Form von Schwierigkeitsstufen der Pflichtübungen und der zu turnenden Kürübungen festgelegt. Gleichzeitig werden entsprechend forciert zu trainierende Schwerpunktelemente (z. B. Doppelsalto am Boden) definiert und codiert. Während des Trainings trägt der Turner in ein vorgedrucktes Formblatt ausschließlich die Codenummer des laut Trainingsplans zu trainierenden Elementes (EL) und die Anzahl der nicht erfolgreichen (—), der noch erfolgreichen (O) und überdurchschnittlichen (+) Versuche ein. Als Zusatzinformation wird die Trainingszeit (t) am Gerät festgehalten. In einer ersten Auswertung wird die Anzahl der erfolgreichen und nicht erfolgreichen Versuche summiert und in Relation zur benötigten Zeit gesetzt. Dieses Kriterium gibt einen ersten Hinweis auf die Intensität der Belastung. Unser Turner hat an diesem Tag 2 Stunden und 45 Minuten an den Geräten Boden, Ringe und Barren trainiert. Zusätzlich hat er an diesem Tag ein kurzes Krafttraining absolviert (42).

Beispiel 3:   Trainingsprotokoll Rudern (Schema) (43)

Darstellung: Abb. 24

BSG: Trainer/Übungsleiter: Monat:
TG: Anzahl der Sportler der TG: Jahr:

Trainings-tage	Anzahl der Sportler pro Tag	Wassertraining					Krafttraining			EÜ-Komplex					LK/WK	
		Gesamt		Technik						Σ		Zeitant.				
		TE	Zeit	km	TE	km	TE	Zeit	WH	TE	Zeit	I	II	III	TE	Zeit
1. 2. 3. . . . 31.																

Abb. 24 Schema zum Erfassen wichtiger Kennziffern in einem Trainingsprotokoll
(Rudern)
EÜ = Ergänzende Übungen
LK = Leistungskontrolle
WK = Wettkampf

Beispiel 4:   Trainingsprotokoll Rudern (Jahr 1984/85) (44)

Darstellung: Abb. 25

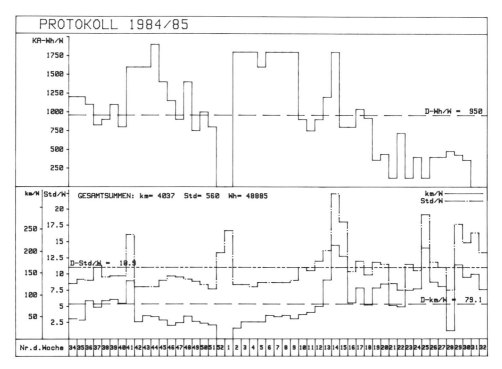

Abb. 25 *Protokoll der jeweils wöchentlichen Anzahl der Wiederholungen im Krafttraining (KA-Wh/W), der geruderten Kilometer (km/W) und der Trainingsstunden (Std./W).*
Ausgedruckt wurden auch die über den gesamten Protokollierungszeitraum gemittelten Werte, sowie die Gesamtsummen.

Abkürzungen:
D-Wh/W = Durchschnittliche Wiederholungszahl pro Woche
D-km/W = Durchschnittliche Anzahl der geruderten Kilometer pro Woche
D-Std./W = Durchschnittliche Trainingsdauer pro Woche

Entwerfen Sie ein Wochenblatt zur Trainingsdokumentation für Ihre Sportart.

**Arbeits-
anregung 10**

5. Sammlung ausgewählter Trainingspläne

5.1 Vorbemerkung

Im folgenden soll versucht werden, die bisher relativ abstrakt dargestellten Trainingsplantypen anhand ausgewählter Beispiele zu konkretisieren. Bei der Auswahl wurden besonders Ansätze berücksichtigt, die die bisherigen Beispiele inhaltlich und/oder darstellungsgemäß ergänzen.

Überblick

Ausgewählte Trainingspläne — Übersicht

Beispiel:	*Trainingsplantyp:*
1 bis 10	Rahmenplan/Mehrjahrestrainingsplan
11 bis 22	Jahrestrainingsplan
23 bis 30	Makro(Meso-)zyklusplan
31 bis 45	Wochentrainingsplan
46 bis 47	Trainingseinheitenplan

5.2 Ausgewählte Mehrjahrestrainingspläne/ Rahmenplan

Beispiel 1: Rahmenplan des Deutschen Skiverbandes; Biathlon, Jugend I (15/16 Jahre) (45)

Darstellung: Abb. 26

	Übergangsperiode 1.4. - 10.5.						Vorbereitungsperiode 11.5. - 26.12. (Fortsetzung Blatt 2)											
	April			Mai			Juni			Juli			August			September		
	km	Zeit	Sch.	km	Zeit	Sch.	km	Zeit	Sch.	km	Zeit	Sch.	km	Zeit	Sch.	km	Zeit	Sch.
Dauerlauf	30	4.30	-	40	6	-	70	10	-	90	12.30	-	120	17	-	80	11.30	-
Skiroller	-	-	-	-	'-	-	30	4	-	50	8	-	70	9	-	60	7	-
Ski und Technik	-	-	-	-	-	-	-	-	-	-	-	-	-	-	-	60	7	-
Schnelligk./Schnellkr.	-	-	-	-	1	-	-	2	-	-	3	-	-	3	-	-	4	-
Schnelligk.Ausdauer	-	-	-	-	-	-	-	-	-	-	-	-	-	-	-	-	1	-
Kraft u. Kraftausdauer	-	-	-	-	-	-	-	1	-	-	2	-	-	3	-	-	4	-
Beweglichkeit	-	8	-	-	6	-	-	4	-	-	4	-	-	4	-	-	4	-
Trockenanschläge	-	2.30	-	-	2.30	-	-	3	-	-	3	-	-	3	-	-	4	-
Trefferbilder lg./st.	-	-	-	-	-	160	-	-	160	-	-	160	-	-	160	-	-	180
Ergebnisschießen	-	-	-	-	-	-	-	-	-	-	-	-	-	-	40	-	-	60
Komplextraining	-	-	-	-	-	-	-	-	-	-	-	-	-	-	30	-	-	60
Monatsumfang	30	15	-	40	15.30	160	100	24	160	140	32.30	200	190	39	250	200	42.30	300

	Fortsetzung Vorbereitungsperiode												Wettkampfperiode 27.12. - 31.3.					
	Oktober			November			Dezember			Januar			Februar			März		
	km	Zeit	Sch.	km	Zeit	Sch.	km	Zeit	Sch.	km	Zeit	Sch.	km	Zeit	Sch.	km	Zeit	Sch.
Dauerlauf	90	12.30	-	60	8	-	20	2.30	-	-	-	-	-	-	-	-	-	-
Skiroller	90	11	-	40	5	-	30	3.30	-	-	-	-	-	-	-	-	-	-
Ski und Technik	-	-	-	120	11	-	200	21	-	180	18	-	180	18	-	100	11	-
Schnelligk./Schnellkr.	-	3	-	-	2	-	-	2	-	-	2	-	-	2	-	-	1	-
Schnelligk.Ausdauer	-	1	-	-	2	-	-	2	-	-	2	-	-	2	-			
Kraft u. Kraftausdauer	-	4	-	-	4	-	-	4	-	-	4	-	-	3	-	-	4	-
Beweglichkeit	-	4	-	-	3	-	-	3	-	-	3	-	-	3	-	-	5	-
Trockenanschläge	-	4	-	-	4	-	-	4	-	-	4	-	-	3	-	-	3	-
Trefferbilder lg./st.	-	-	120	-	-	120	-	-	120	-	-	100	-	-	100	-	-	60
Ergebnisschießen	-	-	90	-	-	90	-	-	90	-	-	90	-	-	90	-	-	60
Komplextraining	-	-	120	-	-	120	-	-	120	-	-	120	-	-	120	-	-	90
Monatsumfang	180	39.30	330	220	39	330	250	42	330	180	33	310	180	31	310	100	24	210

Abb. 26 Rahmenplan des Deutschen Skiverbandes; Biathlon, Jugend I (15/16 Jahre)

Erläuterungen:

Die Einteilung des Trainingsjahres in die Trainingsperioden

Nach den Erfahrungen der letzten Jahre sind wir zu einer standardisierten Einteilung der einzelnen Trainingsperiode gekommen, die wir im DSV in den nordischen Disziplinen generell einführen wollen. Natürlich können die Daten um zwei, drei Tage differieren, aber grundsätzlich halten wir uns künftig an diese Termine:

Übergangsperiode:
1. 4.—10. 5.

Vorbereitungsperiode: Wettkampfperiode:

        11. 5.—26. 12.   27. 12.—31. 3.
1. Etappe: 11. 5.—15. 8.   1. Etappe: 27. 12.— 8. 2.
2. Etappe: 16. 8.—10. 11.   2. Etappe: 9. 2.—31. 3.
3. Etappe: 11. 11.—26. 12.

Zielsetzung und Vorbereitungsperiode:

1. Etappe: Es werden konditionelle Grundlagen geschaffen a) für das spätere intensivere Training, b) für das spätere Spezialtraining. Grundlagenausdauer, Kraft, Kraftausdauer und Beweglichkeit wie Geschicklichkeit werden mit „ziemlichem Umfang" geschult. Beim Schießen liegt der Schwerpunkt in der Erlernung des inneren und äußeren Anschlags (Trockentraining).

2. Etappe: Die Intensität des Trainings erhöht sich merklich, und zur Ausbildung der Grundlagenausdauer kommt nun die Entwicklung der Schnelligkeit und Schnelligkeitsausdauer sowie der Beginn der Technikschulung hinzu. Neben der Vervollständigung des Anschlags werden der Abzugsvorgang sowie der Schießrhythmus geschult. Beginn des Komplextrainings.

3. Etappe: Hier beginnt die Umsetzung der allgemeinen Kondition auf die Arbeit im Schnee. Die dritte Etappe gehört der Technik und der speziellen Kondition. Das Komplextraining wird wettkampfnah ausgeführt. Die Schwerpunkte liegen bei der Zeitverkürzung am Schießstand (Vorbereitung bis zum ersten Schuß, Schießrhythmus und Gewehraufnahme nach dem letzten Schuß). In der zweiten Hälfte der Etappe werden beim Komplextraining Laufzeiten und Treffergebnisse kontrolliert.

Die Monatscharakteristik des Trainings

April:

Aktive Erholung („TÜV"), wir bleiben aktiv durch lockere Läufe, Spiele, Schwimmen und erhalten damit ein hohes Niveau des Trainingszustandes. Eine vielseitige Gymnastik ist Erholung und Training gleichzeitig!

Mai:

Trainingsbeginn: der Trainingsumfang ist groß, die Intensität liegt nur im mittleren Bereich, d. h. beim Lauf wird beispielsweise unter einer Pulsfrequenz von 130—150/min belastet. Der Trainingsumfang steigt progressiv von Woche zu Woche. Das Schießtraining wird mit großem Umfang als Trockentraining in beiden Anschlagsarten durchgeführt. Das Erlernen guter äußerer und innerer Anschläge steht im Vordergrund.

Juni:

Gegenüber Mai steigt der Trainingsumfang um fast 80%. Die Intensität bleibt gleich, der Bereich Kraftausdauer nimmt sogar um 100% zu! Durch das vermehrte Kraftausdauer- und Ausdauertraining muß wesentlich mehr Gymnastik zur allgemeinen Beweglichkeit und Lockerheit durchgeführt werden. Zum Trockentraining kommt nunmehr scharfes Schießen (Treffbilder ohne Belastung) hinzu. Schwerpunkte: Schießrhythmus, Abzugsvorgang und Verbesserung des Anschlags . . .

November:

Beginn des Schneetrainings mit hohem Umfang, wobei die Intensität anfangs gering/mittel ist (Schneegewöhnung—Technik). Um den erarbeiteten Trainingszustand jedoch zu erhalten, wird in dieser Zeit ein zusätzliches intensives Kraft-, Kraftausdauer- und Schnelligkeitsausdauertraining durchgeführt. Nach Abschluß der Schneegewöhnung zum Ende des Monats hin sind die Haupttrainingsformen: Fahrtspiel, Intervall-Läufe, Tempo-Läufe auf Ski. Das wettkampfnahe Schießen steht im Vordergrund, die Abläufe beim Schießen am Schießstand müssen perfektioniert werden . . .

Januar:

In der ersten Etappe der Wettkampfperiode wird das Training trotz der Wettkämpfe konsequent weitergeführt, um zu einem ersten Leistungshöhepunkt zu kommen (z. B. Deutsche Meisterschaften). Eventuelle Schießfehler, die während der ersten Wettkämpfe auftreten, müssen korrigiert werden. Das Trockentraining wird systematisch weitergeführt.

Februar:

Beginn der zweiten Wettkampfperiode und Höhepunkt der Leistungsfähigkeit. Wettkampfhäufigkeit wird gesteigert. Um eine Stabilisierung der Höchstform zu erreichen, muß ein individuelles Training zwischen den Wettkämpfen durchgeführt werden (46) . . .

Beispiel 2: „Entwicklungswürfel"-Tennis (47)

Darstellung: Abb. 27

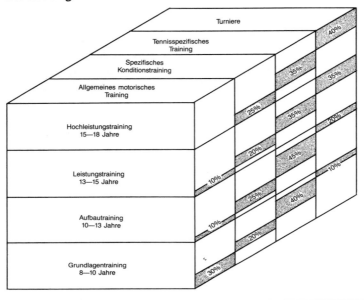

Alter	Allgemeines motor. Training	Spezifisches Konditionstrain.	Tennisspez. Training	Turniere
15—18		Schnellkraft Ausdauer aerob und anaerob Koordination Gewandtheit Reaktionsfähigk.	Situationsbe- dingte Optimie- rung individuel- ler Techniken Strategie Taktik	Begrenzt Jugend- und Erwachsenentur- niere national und international
13—15	Ballsportarten	Kraft Schnelligkeit Ausdauer aerob und anaerob Koordination Gewandtheit Reaktionsfähigk.	Perfektionieren aller Techniken nach individu- eller Spielart Taktik	Nationale und internationale Jugendturniere nationale Erwachsenen- turniere
10—13	Ballsportarten	Koordination Gewandtheit Schnelligkeit Kraft Ausdauer aerob	Stabilisierung und Training aller Techniken Taktik	Verbands- und nationale Jugendturniere
8—10	andere Sportarten	Beweglichkeit Koordination Gewandtheit Schnelligkeit Reaktionsfähigk.	Grobform, Feinform und Stabilisierung aller Grundtechniken	Kleine unbedeutende Turniere Verbands- bzw. Regionalebene

Abb. 27   Entwicklungswürfel für jugendliche Tennisspieler bis zum 18. Lebensjahr

Beispiel 3:   Ziele und Aufgabenstellungen — Rudern (48)

Darstellung: Abb. 28

Ausbildungs-stufe u. AK	Ziel- und Aufgabenstellungen		
	Rudertechnik	koordinative Fähigk.	konditionelle Fähigk.
AK 11/12	Beherrschen der Bewegungsabläufe im 1x und 4x in der Grobform	Entwicklung der Gleichgewichts-, Kopplungs-, Rhythmisierungs- und Anpassungsfähigkeit; Schulung der motorischen Lernfähigkeit	Entwicklung der Ausdauer mit allgemeinen und spezifischen Mitteln, allgemeine und vielseitige Kräftigung der Muskulatur
AK 17/18	Skullen: variable Beherrschung der Technikelemente in allen Skullbootsklassen; Riemen: Beherrschen der Bewegungsabläufe in allen Riemenbooten in der Feinkoordination unter ungünstigen äußeren Bedingungen	weitere Vervollkommnung der in der AK 15/16 entwickelten Fähigkeiten unter dem besonderen Aspekt der Anpassungs- und Umstellungsfähigkeit	Vervollkommnung der in AK 15/16 entwickelten Fähigkeiten; Beginn der forcierten Entwicklung spezifischer Kraftausdauer- und Maximalkraftfähigkeiten
AK 19/20	Skullen: Stabilisieren und Vervollkommnung der in AK 17/18 erlernten Bewegungsabläufe; Riemen: Variable Beherrschung der Technikelemente in den Riemenbooten	Stabilisierung und weitere Vervollkommnung der in AK 17/18 entwickelten Fähigkeiten	Vervollkommnung der bisher entwickelten Fähigkeiten unter dem besonderen Aspekt der spezifischen Kraftfähigkeiten

Abb. 28   Ziel- und Aufgabenstellungen für die Ausbildung der Sportler in ausgewählten Trainingsabschnitten (Rudern)

Beispiel 4:   Mehrjahrestrainingsplan, Dreispringer (49)

Darstellung: Abb. 29

Trainings-stufen/	Vielseitige körperliche Ausbildung		Aufbautraining			Hochleistungstraining		Erhaltung des Hochleistungsniveaus	
Trainings-ziel	Unterstützung und Aktivierung der körperlichen Entwicklung		Sportl. Orientierung	Speziali-sierungs-beginn (Dreispr.)	Ausbildung d. kondition. u.technomot. Basis	Maximierung des Beweg. potentials	Übereinstim-mung v. Beweg.potential und Technik	Optimierung d.Wettkampf-bereitsch.	Allmähliche Reduzierung d.sportl. Trainings
Dauer (Jahre)	2 - 3	2 - 3	2	2	3 - 4	3 - 4	2 - 3	3 - 4	-
Alter des Sportlers (Jahre)	7 - 9	10 - 12	13 - 14	15 - 16	17 - 20	21	bis 27	28 - 32	über 33
Leistungsperspektivplan orientierende Wettkampfleistungen Dreispr.(m)	-		14.00	14.50/15.50	16.00/16.50	17.00	17.50	18.00	über 17.00
Weitspr.(m)	4.00		6.30	6.70/7.00	7.25/7.50	7.75	7.90	8.15	-
100-m (sec)	60m in 8.0		12.2	11.6/11.3	11.0/10.8	10.6	10.4	10.2	-
Leistungsdiagnoseplan (Testnormen) *s. Anmerk.* Dreisprung (10m Anlaufschritte, m)	-	-		14.00/15.00	15.30/15.80	16.25	16.70	17.10	-
40m (Hochstart, sec)	6,4/6,0	-	5.2	5.1 / 5.0	4.9 / 4.7	4.5	4.72	4.65	-
10m (fliegend, sec)	-	-	-	-	1.0 / 0.97	0.95	0.94	0.93	-
300m/150m (sec)	-	-	42.5	18.2 /17.5	17.0 /16.5	16.0	15.6	15.3	-
Fünfsprung (mit 6-12 Anlaufschritten) auf dem Sprungbein (m)	-	-		21.50/22.00	22.50/23.50	24.50	25.00	25.75	-
Tiefkniebeuge (Hantel, % des Körpergewichts)				125/160	175/200	220	-	-	-
Steptest auf 50-60 cm mit Hantel (% des Körpergewichts)				80/100	120/150	200	220	250	-
Trainingsbelastungsplan Wettkämpfe (Dreisprung)	-	-	1-2	8-10	12-15	18-20	18-20	8-10	
Trainingseinheiten anzahl	100	150	175	200	220	300	300	200	100
Dreisprünge mit -22 Anlaufschritten (Anzahl)	-	50	150	300	500	600	1000	500	-
Tiefsprünge von 0-120cm (Anzahl)	100	200	300	500	1000	1500	1000	500	-
Aufsteigen mit Belastung (Tonnen)	-	20	75	150	300	500	300	200	100
Sport und kleine Spiele (Stunden)	50+100	100+100	100+50	75+25	75+0	50+0	50+0	50+0	100+0

*Anmerkung: Testnormen für 7-9jährige

Liegestütze:	10x in 20 sec
Hocken und Aufstehen:	10x in 15 sec
Klappmesser:	10x in 20 sec
Standweitsprung:	120 - 140 cm
20-m-Lauf (Hochstart):	3.5-4.0 sec

Abb. 29   Beispiel Mehrjahrestrainingsplan, Dreispringer

Erläuterungen zu den Arbeitsschritten:

1. Präzisierung der Trainingsstufen

   Das bedeutet die Festlegung der Dauer und die Festlegung der Trainingsziele.

2. Erarbeitung des Leistungsperspektivplans

   Hier werden orientierende Wettkampfleistungen unter Berücksichtigung der zu erwartenden internationalen Leistungsentwicklung abgestimmt.

3. Erarbeitung des Leistungsdiagnoseplans

   Die Richtwerte (Testnormen) für ausgewählte konditionelle und technomotorische Leistungsfaktoren werden festgelegt. Sie orientieren sich am maximalen Leistungsniveau (,,Kennwerte der Weltbesten") und bedürfen der individuellen Anpassung.

4. Erarbeitung des Trainingsbelastungsplans

   Es werden Art und Anzahl der Wettkämpfe, die Gesamttrainingsbelastung (Trainingseinheiten pro Trainingsjahr) und die Trainingsinhalte (allgemein entwickelnde Übungen, Spezialübungen, Wettkampfübungen) festgelegt.

5. Erarbeitung der Erläuterungen

   Hier gibt man ergänzende Hinweise zu den Trainings(teil)zielen, zu den Trainingsinhalten, zu den Trainingsmethoden, zur Belastungsgestaltung, zur Periodisierung, zur Wiederherstellung, zur Gesundheitskontrolle und organisatorische Empfehlungen und methodische Hinweise für den Trainer.

Der Mehrjahresplan, der somit in die Bestandteile

1. Leistungsperspektivplan
2. Leistungsdiagnoseplan
3. Trainingsbelastungsplan
4. Erläuterungen zu den o. a. Einzelplänen
5. Traineranschreiben

gegliedert werden kann, ist in Form einer Übersichtstabelle konzipiert.

Beispiel 5:   Mehrjahrestrainingsplan für 800-m-Läufer (50)

Darstellung: Abb. 30

Trainingsstufen Alter (Jahre)	Stufe I 12 – 15	Stufe II 15 – 18	Stufe III 18 – 19	Stufe IV 19 – 21	Stufe V ab 21
Trainingsbelastungsplan					
- Trainingstage (Jahr)	180 – 190	200 – 250	260 – 270	280 – 300	300 – 310
- Trainingseinheiten (Jahr)	180 – 190	220 – 280	300 – 320	380 – 400	450 – 500
- Trainingseinheiten (Woche)	4	5 – 8	8 – 10	8 – 12	10 – 18
- Trainingseinheiten (Tag)	1	1 – 2	1 – 2	1 – 3	1 – 3
- 800-m-Rennen (Jahr)	10 – 15	15 – 20	20 – 25	25 – 30	20 – 25
- Belastungsumfang (Laufkilometer/Jahr)	1500 – 1600	2000 – 2500	2800 – 3000	3600 – 3800	4000 – 4200
- im aeroben Bereich (km)	1270 – 1300	1630 – 2100	1900 – 2100	2870 – 3000	3080 – 3200
- gemischt (km)	150 – 200	300 – 350	450 – 500	550 – 600	700 – 750
- im anaeroben Bereich (km)	50 – 80	120 – 140	150 – 220	180 – 200	220 – 250
- Wiederherstellung	Duschen, Sauna	Duschen, Sauna, Massage	Massage, Sauna, Unterwassermass.	Massage, Sauna, Unterwassermass. spez.Ernährungsmaßnahmen	Massage, Sauna, Unterwassermass. spez.Ernährungsmaßnahmen, psych. Betreuung
Leistungsperspektivplan					
- Aerobe Leistungsfähigkeit	60% d. Maximalgeschwindigkeit d. Wettkampfstrecke	8000 m in 28:50-29:10 min 8000 m in 27:00-27.50 min	8000 m in 26.00-26:20 min	8000 m in 25.20-25:40 min	8000 m in 24:40-25:00 min
- Aerob-anaerobe Leistungsfähigkeit	2000 m in 8:00-6:05 min	2000 m in 5:45-5:35 min	2000 m in 5:30-5:25 min	2000 m in 5:25-5:20 min	2000 m in 5:20-5:15 min
- Anaerobe Leistungsfähigkeit	800-m-Laufzeit	3x400 m in 53.0-54.0-55.0 sec (Pause jeweils 10-12 min)	3x400 m in 53.5-52.5-52.0 sec (Pause jeweils 10-12 min)	3x400 m in 52.0-51.5-51.0 sec (Pause jeweils 10-12 min)	3x400 m in 50.5-49.5-49.0 sec (Pause jeweils 10-12 min)

Abb. 30   Mehrjahrestrainingsplan für 800-m-Läufer

Beispiel 6:   Mehrjahresplan Gerätturnen (51)

Darstellung: Abb. 31

Jahr		1977	1978	1979	1980
Wichtigster Wettkampf		Europameister-schaft	Weltmeister-schaft	Europameister-schaft	Ziel: Olympische Spiele
Private Aufgaben		Berufslehrgänge	Inspektorprüfung	Umzug in das Bundesleistungs-zentrum	Teilweise Beurlaubung
Sportliche Aufgaben	Pflicht	Aneignung des neuen Pflicht-programms	Stabilisierung der Pflicht-übungen	Perfektionierung des Pflichtvortrages	Stabilisierung des perfektionierten Pflichtvortrages im Wettkampf
	Kür	Experimente mit neuen Kürteilen	Zwischener-probung neuer Kürteile im Wettkampf	Festlegung des Kürprogramms für die Olympischen Spiele	Stabilisierung des erschwerten Kürprogramms

Abb. 31   Beispiel eines Mehrjahresplans (Gerätturnen)

Beispiel 7:   Rahmenplan Schwimmen (52)

Darstellung: Abb. 32

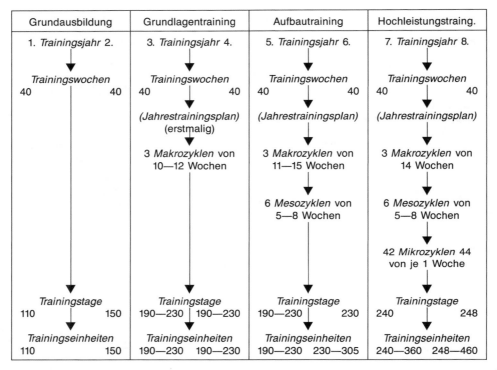

Grundausbildung	Grundlagentraining	Aufbautraining	Hochleistungstraing.
1. *Trainingsjahr* 2.	3. *Trainingsjahr* 4.	5. *Trainingsjahr* 6.	7. *Trainingsjahr* 8.
Trainingswochen 40 40	*Trainingswochen* 40 40	*Trainingswochen* 40 40	*Trainingswochen* 40 40
	(Jahrestrainingsplan) (erstmalig)	*(Jahrestrainingsplan)*	*(Jahrestrainingsplan)*
	3 *Makrozyklen* von 10—12 Wochen	3 *Makrozyklen* von 11—15 Wochen	3 *Makrozyklen* von 14 Wochen
		6 *Mesozyklen* von 5—8 Wochen	6 *Mesozyklen* von 5—8 Wochen
			42 *Mikrozyklen* 44 von je 1 Woche
Trainingstage 110 150	*Trainingstage* 190—230 | 190—230	*Trainingstage* 190—230 230	*Trainingstage* 240 248
Trainingseinheiten 110 150	*Trainingseinheiten* 190—230 190—230	*Trainingseinheiten* 190—230 230—305	*Trainingseinheiten* 240—360 248—460

Abb. 32 Rahmenplan für die zeitliche Gliederung des Trainingsjahrs im mehrjährigen Trainingsaufbau (Schwimmen)

Beispiel 8: Mehrjährige Soll-Ist-Wert-Gegenüberstellung ausgewählter Leistungsfaktoren (Leichtathletik, Zehnkampf; individuelle Trainingsplanung) (53)

Darstellung: Abb. 33

		Soll 1976	Ist 1976	Soll 1978	Ist 1978
Allgemeine Kraft	Reißen	90 kg	90 kg	95 kg	95 kg
	Bankdrücken	120 kg	115 kg	125 kg	125 kg
	Schrägbank	80 kg	80 kg	85 kg	85 kg
	Kniebeuge	130 kg	120 kg	130 kg	120 kg
Spezielle Kraft	Überzüge Speer	55 kg	45 kg	55 kg	50 kg
	Kurzhanteln 5kg	26.50m	25.80m	27.00m	26.20m
	Kurzhanteln 2Kg	43.00m	42.00m	43.00m	42.75m
	Kugel 8 kg	14.00m	14.07m		
	Kugel 6 kg	17.00m	16.73m		
Aerobe Ausdauer	Ausdauer 4 km	17:00 min	16:52 min	16:45 min	16:45 min
	Ausdauer 3 km	11:45 min	11:50 min	11:45 min	11:50 min
Anaerobe Ausdauer	Berg 170 m	7 x 4' 29 sec	7 x 4' 28-30.5sec	6 x 5' 28 sec	
	500 m	78 sec	5' 81.0 sec		1 x 5 80.5 sec
	300 m	37 sec	2 x 5' 39.1 sec	37 sec	2 x 5' 38.1;37.0
	200 m	24 sec	2 x 5' 23.7 sec	24 sec	2 x 5' 23.5; 23.1
Sprungkraft	5er-Mehrsprünge	16.50m	16.10m	16.50m	16.47m
	10er-Mehrsprünge	33m	33.10m	34m	33.80m
Techno- motorische Komponente	Stabhoch	4.40m	4.50m	4.50m	4.30m
	Hochsprung	1.95m	1.85m	1.95m	1.85m
	Weitsprung	7.00m	7.07m	7.15m	7.17m
	Kugel	15.00m	15.17m	15.50m	15.55m
	Diskus	45.00m	44.50m	46.00m	46.90m
	Speer	60.00m	59.20m	62.00m	63.00m
	Sprint 60 m	7.0 sec	7.0 sec	6.9 sec	6.9 sec
	Hürden 60 m	8.1 sec	8.0 sec	8.0 sec	7.9 sec

Abb. 33 Mehrjährige Soll-Ist-Wert-Gegenüberstellung ausgewählter Leistungsfaktoren

Beispiel 9: Mehrjahrestrainingsplan, Teilbereich Leistungsdiagnoseplan

Darstellung: Abb. 34

Erläuterung:

Der leistungsdiagnostische Perspektivplan ist als Prinzipsche-
ma entworfen. Er ist unter sportart-, disziplin- bzw. trainingszielspezifischen Aspekten zu präzisieren, wobei Auswahl und
Zusammenstellung der entsprechenden leistungsdiagnostischen Verfahren unter Berücksichtigung der jeweils neuesten
sportwissenschaftlichen Erkenntnisse erfolgen sollten.

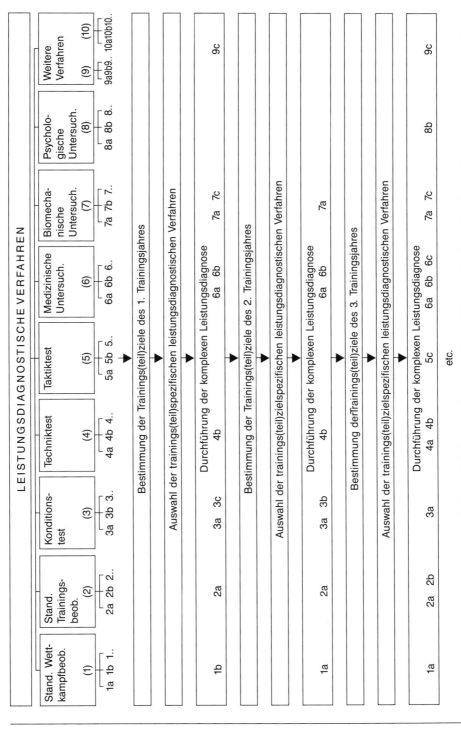

Abb. 34 *Mehrjahrestrainingsplan, Teilbereich Leistungsdiagnose; Perspektivplan für einen Trainingszeitraum von mehr als 3 Jahren (Stufe Hochleistungstraining)*

Beispiel 10:   Mehrjahrestrainingsplan: Teilbereich konditionelle und technomotorische Einflußgrößen —
Stabhochsprung (54)

Darstellung: Abb. 35

Test: Wett- kampfleistung	3,50—4,00 m	4,00—4,50 m	4,50—5,00 m	5,00—5,50 m
Schnelligkeit				
30 m Start	4,4— 4,2 sec	4,2— 4,1 sec	4,0— 3,9 sec	3,8— 3,7 sec
30 m fliegend	3,4— 3,2 sec	3,2— 3,1 sec	3,1— 3,0 sec	2,9— 2,8 sec
50 m Tiefstart	6,5— 6,3 sec	6,4— 6,2 sec	6,1— 5,9 sec	5,8— 5,7 sec
100 m Tiefstart	12,4—12,0 sec	11,7—11,3 sec	11,2—10,9 sec	10,8—10,5 sec
Sprünge				
Weitsprung	5,80—6,00 m	6,00—6,60 m	6,50—6,80 m	7,00—7,50 m
Kraft				
Bankdrücken	100 % Körpergew.	110 % Körpergew.	120 % Körpergew.	130 % Körpergew.
Turnen				
Ringe (hängend)	Felgaufschwung	Felgaufschwung, in den Handstand drücken		Felge in den Handstand
Technik				
Griffhöhe (zweimal Körpergröße +) Differenz Latten- überquerung — Griffhöhe	+ 50 cm	+ 60 cm	+ 80 cm	+ 100 cm
(Überhöhung)	0—30 cm	30—60 cm	50—80 cm	70—100 cm

*Abb. 35 Orientierungswerte für ausgewählte Einflußgrößen; Stab-
hochsprung (längerer Trainingszeitraum)*

Einen aktuellen Ansatz der Leistungsdiagnoseplanung innerhalb eines Trainingsjahres (Leichtathletik, Frauen-Sprint) stellt
GLESK vor.

Testbenennung	Woche der Vorbereitung						
	7	11	16	21	30	33	38
1. Lauf 60 m, Tiefstart (s)	—	—	+	+	+	+	+
2. Lauf 150 m, Tiefstart (s)	—	—	—	—	+	+	+
3. Lauf 300 m, Tiefstart (s)	—	+	+	+	+	+	+
4. Lauf 600 m, Hochstart (min)	+	—	—	+	—	—	+
5. Lauf 12 min. COOPER (km)	+	+	—	+	—	—	+
6. Wiederholte Kniebeuge 10 mal 50 % Bela- stung des Körpergewichts der Sprinterin (s)	+	+	+	+	+	+	+
7. Kugelstoßen, 4 kg über den Kopf (m)	+	+	+	+	+	+	+
8. Weitsprung aus dem Stand (cm)	+	+	+	+	+	+	+
9. Dreisprung aus dem Stand (m)	+	+	+	+	+	+	+
10. Zehnerhopp aus dem Stand (m)	+	+	+	+	+	+	+
11. Wiederholte Starts über 50 m (Zahl der S.)	+	+	+	+	+	+	+

*Abb. 36 Zeitliche Verteilung motorischer Tests innerhalb des Trai-
ningsjahres 1979/80 von tschechoslowakischen Spitzensprinterinnen
über 100 und 200 m (55)*

**Arbeits-
anregung 11**

*Fassen Sie die neuesten Vergleichswerte Sie interessieren-
der leistungsdiagnostischer Verfahren in einer Tabelle oder
Graphik zusammen. Die Methoden werden im Studienbrief
„Grundlagen der Statistik" vorgestellt.*

5.3 Ausgewählte Jahrestrainingspläne

Beispiel 11 bis 22: Sportartspezifische (disziplinspezifische) Jahrestrainingspläne

Es werden zwölf Ansätze aus den Sportarten bzw. -disziplinen Gerätturnen (11), Basketball (12), Fußball (13), Gerätturnen (14), Leichtathletik (15 bis 19), Radfahren (20), Squash (21) und Schwimmen (22) dargestellt.

Überblick

Sie sollen u. a.

— ein Gruppentrainingsplan mit doppeltem Jahreszyklus (11) vorstellen;

— unterschiedliche Möglichkeiten der Darstellung des Teilbereichs Belastungsplanung (Grob- und Feinplanung) verdeutlichen (12, 15, 16, 20, 22);

— Aspekte zur/der Wettkampfplanung aufzeigen (13, 14, 21) und

— auf (sportart- bzw. disziplinspezifische) Unterschiede in der Planung einer als wesentlich (leistungsrelevant) erachteten Einflußgröße (hier: motorische Kraft) aufmerksam machen (17, 18, 19).

Erläuterungen zu den Arbeitsschritten:

1. Festsetzung der Trainings(Leistungs-)ziele

2. Periodisierung

   Im Beispiel ist das Erreichen der Topform an zwei Zeitpunkten des Trainingsjahres vorgesehen.

3. Festsetzung der Richtwerte für ausgewählte Leistungsfaktoren

   Sie werden hier mit ,,technische und athletische Normen" bezeichnet.

4. Festsetzung der Trainingsbelastung

   Das betrifft Art und Anteil der Trainingsinhalte in einem Periodenzyklus pro Trainingswoche, Belastungsumfang in einem Periodenzyklus pro Trainingswoche, Belastungsintensität pro Trainingswoche (hier qualitativ angegeben).

Beispiel 11: Jahrestrainingsplan; Gruppentrainingsplan mit doppeltem Jahreszyklus (Gerätturnen) (56)

Darstellung: Abb. 37

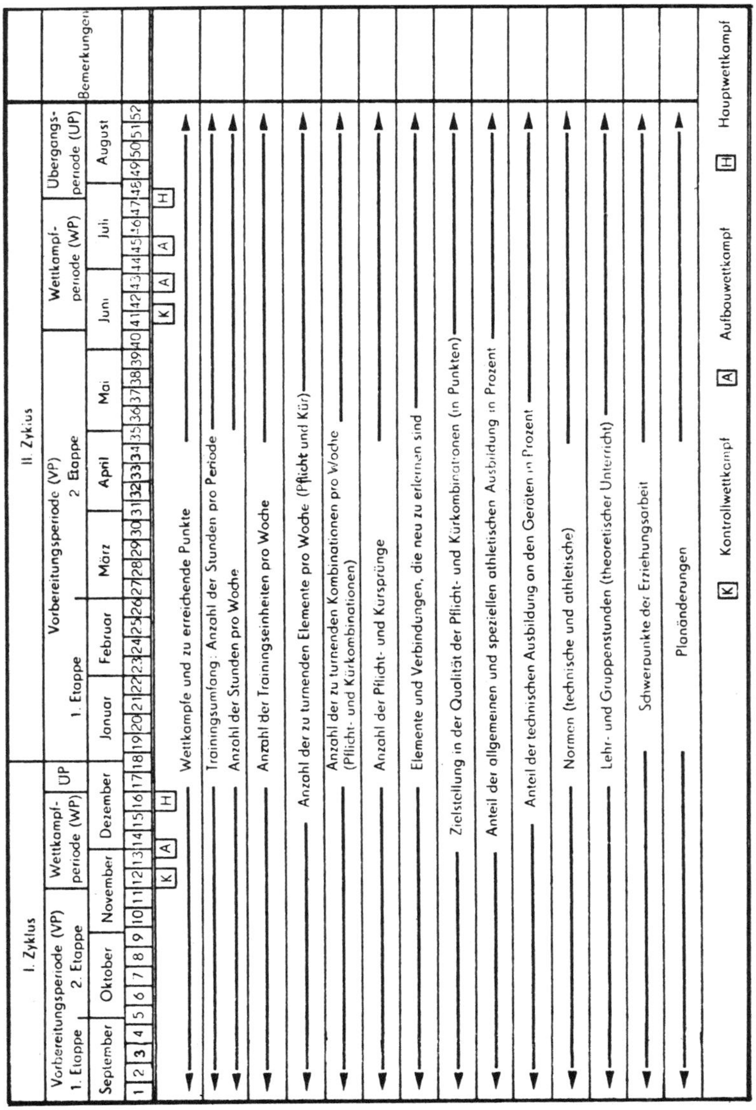

Abb. 37 Jahrestrainingsplan mit doppeltem Jahreszyklus (Gerätturnen)

Beispiel 12:   Jahrestrainingsplan — Basketball (57)

Darstellung: Abb. 38

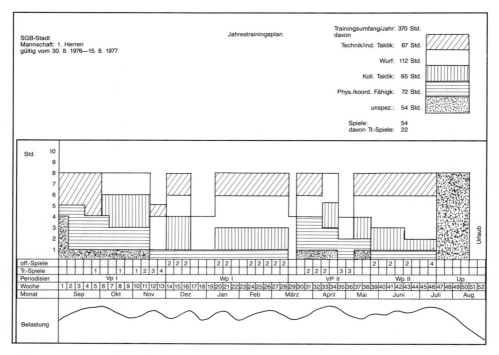

Abb. 38   *Jahrestrainingsplan — Basketball*

Beispiel 13: Jahresperiodisierung im Leistungsfußball (58)

Darstellung: Abb. 39

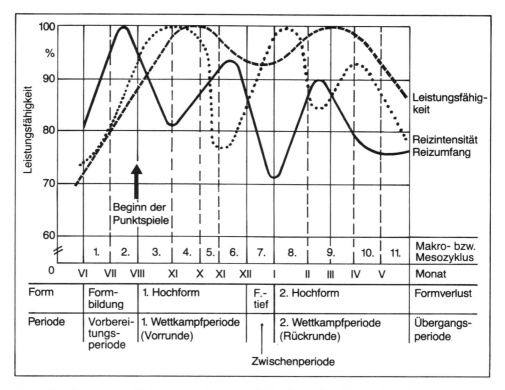

Abb. 39 *Jahresperiodisierung im Leistungsfußball (zweigipflig mit jeweils mehrmonati-gem Wettkampfblock) mit Reizumfang, -intensität im Training und idealer Formkurve (——— = Leistungsfähigkeit) (BAUER o. J., 57).*

Beispiel 14:   Jahrestrainingsplan Gerätturnen (59)

Darstellung: Abb. 40

Inhalt	Jan.	Febr.	März	April	Mai	Juni	Juli	Aug.	Sept.	Okt.	Nov.	Dez.
Periode	1. Vorbereitungsperiode				1. Wettkampfperiode		1. Übergangsperiode	2. Vorbereitungsperiode		2. Wettkampfperiode		2. Übergangsperiode
Etappe	1. Etappe		2. Etappe					1. Etappe	2. Etappe			
Allgemein entwickelnde Übungen	+++	+++	++	++	+		+++	++		+		+++
Spezialübungen – Kraft	+++	+++	+++	+++	++		o	+++	++	++	+	o
Spezialübungen – Gelenkigkeit	++	++	++	++	++		+	+++	++	++	++	+
Spezialübungen – Einzelteile	++++	++++	++	++	+		o	+++	++	+	+	o
Spezialübungen – Verbindungen	++	++	++++	++++	++		o	+	+++	++	++	o
Wettkampfübungen	o		++	++	++++		o	+++	+++	+++	++++	o
Flankierende Maßnahmen – Ballett	+++	+++	+++	+++	+		o	+++	+++	+	+	o
Flankierende Maßnahmen – Taktik, Aufbau	+++	+++	+	+	+		o	++	+	+	+	o
Flankierende Maßnahmen – Körperpflege	++	++	++	++	++		++++	++	++	+	++	++++
Termine – persönliche	△ F	Fahrprüfung △ F					Urlaubsreise F			△ Geburtstag F		Urlb. F
Termine – Wettkämpfe		△ S	△ S	△ T △ T △ A	△ A △ A △ H	△ H		△ S △ A	△ A	△ A △ H △ A △ A	△ A △ H △ S	
Termine – sonstige	△ UM						△ UM	△ UB				

Zeichenerklärung:

++++ : größte Bedeutung
+++ : große Bedeutung
++ : mittlere Bedeutung
+ : geringe Bedeutung

o : keine entsprechenden Aktivitäten
F : Ferien
S : Schauturnen
T : interner Testwettkampf

A : Aufbaukampf
H : Hauptwettkampf
UM : Untersuchungstermin (medizinisch)
UB : Untersuchungstermin (biomechanisch)

Abb. 40   Zweizyklischer Jahrestrainingsplan

Beispiel 15:   Jahreskennziffernplanung Leichtathletik
                     (Nachwuchstraining) (60)

Darstellung: Abb. 41

	Jahr	Monate					
	Gesamt	Sept./ Okt.	Nov./ Dez.	Jan./ Febr.	März/ April	Mai/ Juni	Juli/ Aug.
Gesamt-Umfang*							
AVA							
SVA							
Davon Sprint Lauf Sprung Wurf							
* Aufschlüsselung möglich in Stunden, Minuten, Trainingseinheiten (TE) oder TE-Teile							

Abb. 41   Schema einer Jahreskennziffern-Planung
AVA = Allgemeine vielseitige Ausbildung
SVA = Spezielle vielseitige Ausbildung

Beispiel 16:   Jahrestrainingsplanung für die DLV-Langstreckler: a = Umfangkurve in km; b = durchschnittliche Kilometerleistung pro Woche (ca.
150 km); c = Periodisierung; d = außerge-
wöhnliche Trainingsmaßnahmen in Lehr-
gangsform; e = Steuerung der Wettkämpfe, f
= realisierte Trainingsleistung der Athleten
aufgrund der Trainingsbucheintragungen (61)

Darstellung: Abb. 42

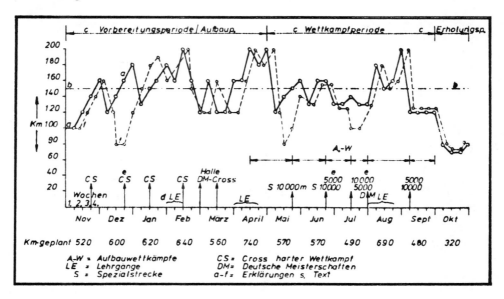

Abb. 42   Jahrestrainingsplan für die DLV-Langstreckler

Beispiel 17: Jahresplan Speerwurf (Frauen) (62)

Darstellung: Abb. 43 a—e

Wurfgeräte und Wurfgewichte	X	XI	XII	I	II	III	IV	V	VI	VII	VIII	IX	Total pro Jahr
Schwere Geräte 1,0—1,8 kg		200	200	250	200	100	50						1000
Schwere Geräte 700—900 g	500	400	200	200	300	300	200	100		120			2320
Wettkampfgeräte 600 g	250	200	175	400	500	600	450	360	320	600	420	400	4675
Leichtere Geräte 450—500 g						140	250	160	80	160			790
Spezielle Medizinballwürfe 2,5—4 kg beidarmig	200	300	850	900	600	300	250	120		250		120	3890 / 12 605
Allgemeine Würfe mit Hilfsgeräten: 3- bis 5-kg-Kugel Kurzhantel 8 kg	600	500	450	400	300	240	200	220	300	350	200	250	4030
Monatssumme	1550	1600	1875	2150	1900	1680	1400	960	700	1480	620	770	16 685
Wochensumme	387	400	469	537	475	420	350	240	175	370	155	192	
Anz. d. Wettkämpfe					1	3	4—5	4—5	1	3—4		2	18—21

a) Rahmenjahresplan bei Speerwerferinnen der Leistungsklasse 68—72 m

Übungen													
Reißen	8	10	16	30	25	16	10	8	10	20	15	12	180 Tonnen
Umsetzen	8	10	18	35	30	18	10	10	10	25	15	12	201 Tonnen
Bankdrücken	14	15	15	22	20	15	12	10	10	20	10	10	173 Tonnen
Stoßen		10	15	23	15	15	8	8	6	10	7	9	126 Tonnen
Tiefe und halbe Kniebeuge	30	30	50	70	60	45	25	22	22	55	25	25	459 Tonnen
Spezielle Kraft		10	20	60	40	30	10	7	9	20	8	8	222 Tonnen
Monatszusammenfassung der Kraftkomplexe	60	85	134	240	190	139	75	65	67	150	80	76	1361 Tonnen
Stunden	3	4	2	1	1	1,5	1,5	1,5	1,5	2	1	1	21 Stunden

b) Der Umfang der Kraftvorbereitung

Art der Sprünge													
Mehrsprung	1200	1000	1000	600	500	350	350	350	400	800	450	400	7400
Sprung ü. Hindern.	400	500	500	400	300	250	250	250	250	400	200	200	3900
Sprünge in d. Tiefe			120	120	120	90	90						540
Weit- u. Hochsprung		20	30	60	60	40	40						250
Sprünge mit Gewichten	150	350	240	180	120	120	80	80		120			1440
	1750	1870	1890	1360	1100	850	810	680	650	1320	650	600	13 530

c) Der Umfang der Sprungvorbereitung

103

Beispiel 17:   Jahresplan Speerwurf (Frauen) (62)

Darstellung: Abb. 43 a—e

Lauf	X	XI	XII	I	II	Monate III	IV	V	VI	VII	VIII	IX	Total pro Jahr
Tief- und Hochstart	16	32	40	60	40	40	32	32	32	40	32	30	426 = 12,7
Sprint bis 50 m	1,6	2,2	2,4	3,2	2,8	2,8	2,8	2	2	2,8	2	2	28,6
Tempolauf 50-150 m	5,4	5,8	3	2,4	2,4	2	1,8	1,8	1,2	1,8	1,2	1,2	29,0
Hürdenlauf	1,2	1,2	0,8			0,8	0,9	0,6	0,6	0,8			6,9
	8,6	0,1	7,4	7,4	6,4	6,8	6,5	5,4	4,8	6,6	4,2	4,1	77,2

d) Der Umfang der Laufvorbereitung

Funktionelle Vorbereitung	X	XI	XII	I	II	Monate III	IV	V	VI	VII	VIII	IX	Total pro Jahr
Geländel., Schwim., Skilaufen, Radfahr.	10,30	6,30	5	2,30	2	2	2	1,30	1,30	4	1,30	2	41,00
Spiele (Fußball, Basketball usw.)	12,30	9	8	5	4	3	3	2	2	5	2	3	58,30
Turnkomplexe	15	12	10,30	8	6	6	6	6	6	8,30	6	6	96,00
	38	27,30	23,30	15,30	12	11	11	9,30	9,30	17,30	9,30	11	195,30 S

e) Der Umfang der funktionellen Vorbereitung

Abb. 43a—e   Jahresplan Speerwurf (Frauen); Schwerpunkt: Planung von Belastungsumfängen

Beispiel 18:   Jahresperiodisierung Krafttraining, Sprint (63)

Darstellung: Abb. 44

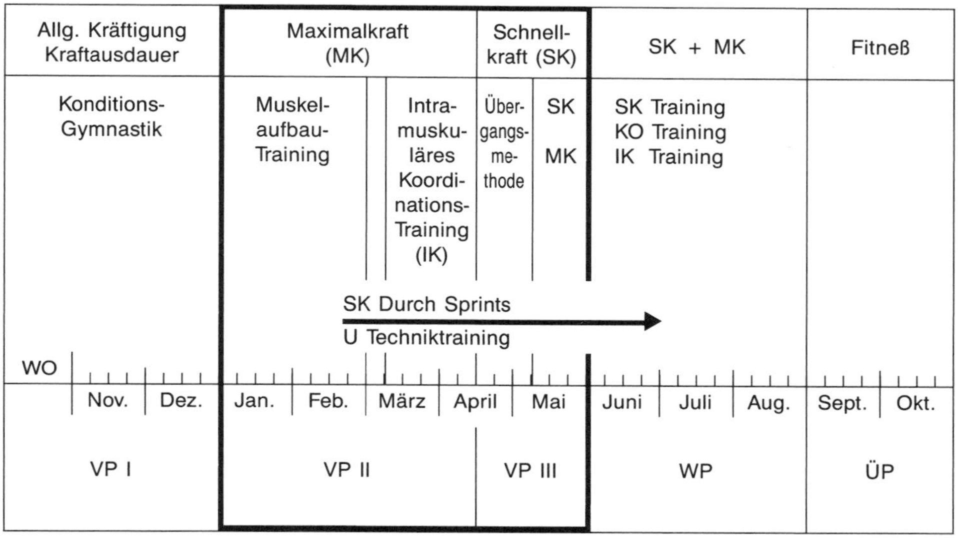

Allg. Kräftigung Kraftausdauer	Maximalkraft (MK)		Schnell-kraft (SK)		SK + MK	Fitneß
Konditions-Gymnastik	Muskel-aufbau-Training	Intra-musku-läres Koordi-nations-Training (IK)	Über-gangs-me-thode	SK MK	SK Training KO Training IK Training	

SK Durch Sprints
→
U Techniktraining

WO ‖⌁⌁⌁⌁⌁⌁⌁⌁⌁⌁⌁⌁⌁⌁⌁⌁⌁⌁⌁⌁⌁⌁⌁⌁⌁⌁

Nov.	Dez.	Jan.	Feb.	März	April	Mai	Juni	Juli	Aug.	Sept.	Okt.

| VP I | | VP II | | VP III | | WP | | | ÜP | | |

Abb. 44 Vorschlag einer Jahresperiodisierung im Krafttraining für Sprinter (100-m-Läufer).

Beispiel 19:   Jahreszyklus Krafttraining, Sprint (64)

Darstellung: Abb. 45

Trainingsformen	Im Jahr	X	XI	XII	I	II	III	IV	V	VI	VII	VIII	IX
Gewichtübungen	180 ± 40 t	—	25	15	3	2	21	11	2	6	6	8	1
Sprungübungen, Anzahl der Abstöße	12 500 ± 2 500	—	9	20	5	4	14	22	8	4	4	8	2
Lauf bis 80 m, Geschwindigkeit 100—96 %	32 km ± 5 km	—	5	8	15	10	4	9	17	10	10	9	3
Lauf 90 bis 300 m Geschwindigkeit 91—100 %	30 km ± 5 km	—	—	3	12	8	2	9	29	13	10	11	3
Lauf 90 bis 400 m, Geschwindigkeit 81—90 %	75 km ± 10 km	6	16	15	7	5	12	18	5	3	4	4	5
Lauf mit einer Geschwindigkeit unter 80 %	180 km ± 45 km	25	14	7	5	2	16	7	4	2	2	5	11

Abb. 45   Verteilung der Trainingsformen im Jahreszyklus (in % des Jahresumfangs)

Beispiel 20:   Jahresplan 17—18jähriger Radsportler (65)

Darstellung: Abb. 46

Monat	Übersetzung (Zoll)	Trainings-geschwin-digkeit (km/Std.)	Trainings-kilometer	Wettkampf-kilometer		Zahl der Starts		Gesamt-umfang spez. Vor-bereitung (km)	Gesamt-umfang allgem. Vorbereit. (Std.)
				Straße	Bahn	Straße	Bahn		
Januar	49x20 = 66,1	28—33	300		200		6	500	38
Februar	47x18 = 70,5	28—34	400		200		6	600	34
März	49x18 = 73,5	27—36	600		50		2	650	26
April	47x17 = 74,6	28—38	800	450		6		1250	10
Mai	49x17 = 77,8	30—39	950	260	100	5	4	1310	10
Juni	49x16 = 82,7	30—41	1000	450	100	6	4	1550	10
Juli	51x16 = 86,0 52x16 = 87,7	29—42	1000	350	100	6	4	1450	10
August	53x16 = 89,3 48x15 = 86,4	29—42	1100	250	120	6	5	1470	10
Sept.	51x16 = 86,0	28—39	1000	180	100	4	4	1280	10
Oktober	49x17 = 77,8	27—36	800		120		5	920	20
November	47x17 = 74,6	28—35	400		200		6	600	26
Dezember	47x18 = 70,5	28—34	300		120		4	420	30
insgesamt im Jahr			8650	1940	1410	33	50	12000	234

Abb. 46   *Jahresplan 17—18jähriger Radsportler*

Beispiel 21:   Wettkampfsaison, Squash (66)

Darstellung: Abb. 47

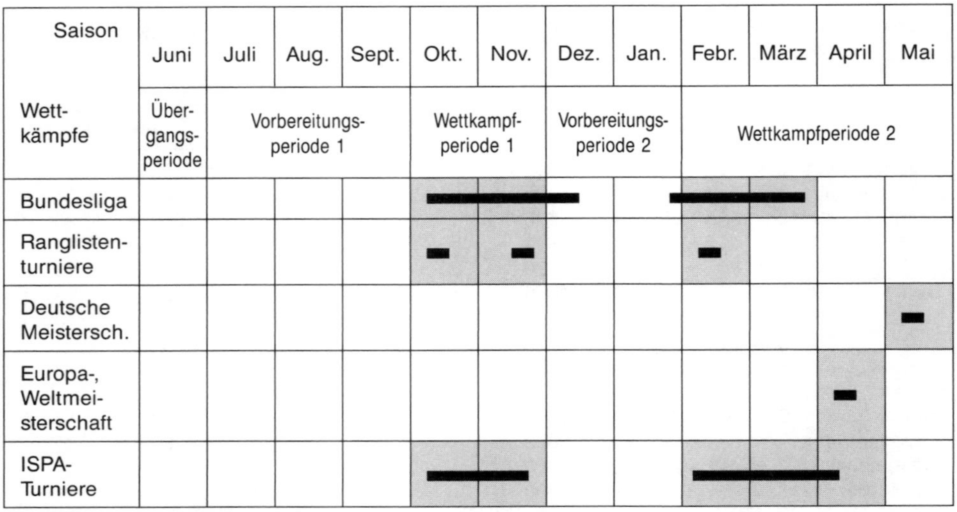

Saison / Wett-kämpfe	Juni	Juli	Aug.	Sept.	Okt.	Nov.	Dez.	Jan.	Febr.	März	April	Mai
	Über-gangs-periode	Vorbereitungs-periode 1			Wettkampf-periode 1		Vorbereitungs-periode 2		Wettkampfperiode 2			
Bundesliga					▬▬			▬▬				
Ranglisten-turniere					▬	▬			▬			
Deutsche Meistersch.												▬
Europa-, Weltmei-sterschaft											▬	
ISPA-Turniere					▬▬			▬▬▬				

Abb. 47   *Wettkampfsaison im Squash (2 Wettkampfperioden mit einer zwischenliegenden 2. Vorbereitungsperiode)*

Beispiel 22: Jahrestrainingsplan, 1975—1976 Schwimmen, auszugsweise (67)

Darstellung: Abb. 48

Jahrestrainingsplan, 1975—1976			
	September	Oktober	November
Anzahl Trainingseinheiten pro Woche	Trainingseinheiten sind freigestellt	5	6
Gesamtzeit VM *Strecke pro Woche* NM VM=Vormittag, NM=Nachmittag		1 Stunde — 3000 yds.	2 Stunden — 6000 bis 7000 yds.
Trockentraining: *wie oft und wie lange*	Kraft-, Schnellraft und Beweglichkeitstests	1 Stunde — 4 x pro Woche— in erster Linie isokinetische Übung	45 Minuten — 5 x pro Woche isokinetische Übungen
Art des Trainings *Art der Serien*	Entweder gar kein Wassertraining oder Wasserballtraining lockeres Schwimmen, kein geregeltes Training	Überlange Strecken und Intervalltraining mit kurzen Pausen Serien mit 150er, 200er, 300er, 400er, 800er — keine kurzen Strecken oder Sprinttraining	Überlange Strecken und Intervalltraining mit kurzen Pausen. Wiederholungstraining und etwas Sprinttraining zusätzlich 50er, 75er, 100er in Serien und einige 25er Sprints
ALLGEMEINER PLAN	Dies ist der am besten geeignete Monat zur Erholung, um vom Schwimmbad wegzukommen: Spiele Tennis oder andere Ballspiele. Der Körper braucht die Erholung — nutze die Zeit um auszuspannen	In diesem Monat beginnt das Training. Besondere Konzentration auf Krafttraining — etwas Schwimmtraining. Dies ist die geeignete Zeit für Techniktraining. Die Aktiven sollten sich Filme mit Technikanalysen anschauen und an ihren schwächeren Techniken arbeiten	Die Intensität des Trainings nimmt zu, immer mehr Qualitätstraining wird eingebaut. Behalte das isokinetische Training bei, aber verkürze die Trainingszeit um 15 Minuten. Behalte Techniktraining und Gespräche über Training bei
	Dezember	Januar	Februar
Anzahl Trainingseinheiten pro Woche	11	11	11
Gesamtzeit und VM *Strecke pro Woche* NM	$1^{1}/_{2}$ Std. — 3000—4500 yds. $2^{1}/_{2}$ Std. — 6000—8000 yds.	$1^{1}/_{4}$ Std. — 3000—4500 yds. $2^{1}/_{4}$ Std. — 6000—9000 yds.	$1^{1}/_{4}$ Std. — 3000—4500 yds. $2^{1}/_{4}$ Std. — 6000—9000 yds.
Trockentraining *wie oft und wie lange*	30 Minuten — 4 x pro Woche isokinetisches Training	30 Minuten — 4 x pro Woche isokinetisches Training	30 Minuten — 4 x pro Woche isokinetisches Training
Art des Trainings *Art der Serien*	Komplexes Training — eine Verbindung aller Methoden. Teile die Mannschaft in 3 Gruppen ein: Sprinter, andere, Langstreckler. Schwimme alle Arten von Serien!	Komplexes Training — baue noch unterbrochenes Schwimmen im Training ein: mache mehr Sprinttraining. Der Schwimmer sollte sich zunehmend müder fühlen	Komplexes Training — Versuche zu erreichen, daß die Schwimmer die Zeiten in den Serien verbessern. Beachte gute Leistungen in den Teilstrecken in den Serien
ALLGEMEINER PLAN	Die nächsten 3 Monate trainieren die Athleten zweimal pro Tag. Sie sollten ihre Zeiten im Training verbessern und versuchen, die Abgangszeiten zu verkürzen in Intervalltrainingsserien mit kurzen Pausen	Setze das harte Training fort, halte das Interesse hoch durch Trainingseinheiten mit vielen Variationen. Keine Unterbrechung des Trainings für kleinere Wettkämpfe! Bereite einige Schwimmer vor, damit sie Pflichtzeiten für die Meisterschaften schwimmen können. Behalte Techniktraining bei	Dies ist der Monat, in dem die meisten Aktiven krank werden. Achte auf Erkältungskrankheiten! Sage den Schwimmern, sie sollen sich warm anziehen, genug schlafen und richtig essen

Jahrestrainingsplan, 1975—1976			
	März	**April**	**Mai**
Anzahl Trainingseinheiten pro Woche	8—10	6—10	5—10
Gesamtzeit VM *Strecke pro Woche* NM VM=Vormittag, NM=Nachmittag	45—60 Min. — 2000—3500 yds. 1—2¼ Std. — 3000—7000 yds.	Kurze lockere Trainingseinheit 1—1½ Std. — 3000—4000 yds.	1 Stunde — 3000—4000 yds. 2 Stunden — 6000—8000 yds.
Trockentraining: wie oft und wie lange	20 Minuten — 3 x pro Woche	15 Minuten — 3 x pro Woche	30 Minuten — 4 x pro Woche
Art des Trainings *Art der Serien*	Komplexes Training, vermeide zu viele intensive Belastungen. Viel lockeres Schwimmen, etwas langsames Intervalltraining, etwas Sprinttraining, Wettkampfgeschwindigkeit	Komplexes Training — gerade genug, um die Form zu halten, um Mitte April bei den amerikanischen Meisterschaften gut zu schwimmen	Komplexes Training — wie im Januar und Februar, aber besondere Betonung auf Ausdauertraining
ALLGEMEINER PLAN	Jetzt ist die Zeit für die Formzuspitzung, beginne damit 2—2½ Wochen vor dem entscheidenden Wettkampf. Verkürze systematisch die Meterzahl bis 3 Tage vor dem Wettkampf, wo es zwischen 2000—3000 yds. sein sollten. Mentale Vorbereitung auf den Wettkampf	Schwimme die ersten zwei Wochen bis zu den Meisterschaften, mache dann 2 Wochen Trainingspause, bevor das Training für die Sommersaison beginnt	Die Schwimmer trainieren ein- bis zweimal am Tag, abhängig von der Belastung in der Schule (an der Universität von Indiana beginnen die Semesterferien nach der ersten Woche im Mai), die Schwimmer beginnen, zweimal pro Tag im 50-m-Becken zu trainieren (nach den Prüfungen)
	Juni	**Juli**	**August**
Anzahl Trainingseinheiten pro Woche	12	12	8—11
Gesamtzeit und VM *Strecke pro Woche* NM	2½ Std. — 7000—9000 yds. 2 Std. — 5000—6000 yds.	2½ Std. — 5000—9000 yds. 2 Std. — 3000—6000 yds.	1—1½ Std. — 3000—5000 yds. 1—1½ Std. — 2000—3000 yds.
Trockentraining wie oft und wie lange	30 Minuten — 4 x pro Woche	30 Minuten — 3 x pro Woche	Streiche jede Art von Trockentraining
Art des Trainings *Art der Serien*	Komplexes Training — betone die Verbesserung der Zeiten im Training und versuche, die Abgangszeiten in den verschiedenen Serien zu verkürzen	Komplexes Training — mit mehr Zeit für Wettkampfgeschwindigkeitstraining und Sprinttraining. Vermeide zuviel Qualitätstraining!	Komplexes Training — Verkürze die Anzahl Teilstrecken in den Serien. Erhöhe den Anteil an Qualitätstraining und Sprinttraining
ALLGEMEINER PLAN	Dies ist der härteste Monat im Jahr. Die Schwimmer müssen genug Schlaf und Erholung bekommen — und auf richtig zusammengestelltes Essen achten. Der Trainer muß die Trainingseinheiten sorgfältig planen und auf Anzeichen des Übertrainings achten	Dies ist der letzte volle Monat mit Training wegen der nationalen Meisterschaften Mitte August. Es sollte ein Monat mittlerer Trainingshärte sein, in dem die Schwimmer nicht so hart getrieben werden, so daß sie sich bis zu den nationalen Merstschaften erholen!	Die Formzuspitzung beginnt Mitte August (im Falle der Teilnahme: Unterbrich das Training anschließend für zwei Wochen

Abb. 48 Jahrestrainingsplan Schwimmen 1975—1976

Formblatt eines Jahrestrainingsplans

Name:_____

Jahrestrainingsziel: _____

Wettkampfleistungen:	1979	1980	1981	. . .
Datum/Wettkampfbez. 1.				
2.				
3.				
. . .				

Entwicklung ausgewählter Leistungsfaktoren (LF):	1979	1980	1981	. . .
LF 1				
LF 2				
LF 3				
LF 4				
LF . . .				

Monate:	Jan.	Febr.	März	April	Mai	Juni	Juli	Aug.	Sept.	Okt.	Nov.	Dez.
Trainingsteilziele:												
Struktur des Trainingsjahres (Periodisierung)												
Trainingsumfang (TE/Monat)												
Trainingsinhalte* Konditionelle Leistungskomp. A Leistungskomp. B Leistungskomp. . . .												
Technomotorische Leistungskomp. A Leistungskomp. B Leistungskomp. . . .												
Taktische Leistungskomp. A Leistungskomp. B Leistungskomp. . . .												
Weitere Leistungskomp. A Leistungskomp. B Leistungskomp. . . .												

Monate:	Jan.	Febr.	März	April	Mai	Juni	Juli	Aug.	Sept.	Okt.	Nov.	Dez.
Leistungsdiagnose — Konditionstest — Techniktests — Taktiktests — Med. Untersuch. — Biomech. Unters. — Psycholog. Unters. — Weitere Verf.												
(Test-)Wettkämpfe												
Auswertung												
Bemerkungen												

* = Aufschlüsselung in Stunden, Minuten, Trainingseinheiten oder Trainingseinheitsteilen.

Abb. 49   Formblatt eines Jahrestrainingsplans. Er kann als Ausgangspunkt zur Erstellung eines individuellen Jahrestrainingsplans herangezogen werden.

**Arbeits-
anregung 12**

> *Erstellen Sie einen tabellarischen Jahrestrainingsplan für Ihre Sportart!*

**Arbeits-
anregung 13**

> *Analysieren Sie einen der dargestellten Jahrestrainigspläne im Hinblick auf die eingearbeiteten Trainingsprinzipien!*

5.4 Ausgewählte Makrozykluspläne

In den Beispielen 23 bis 25 sind drei Ansätze zur Gestaltung der Wettkampfperiode dargestellt; dabei stellt Beispiel 23 *eine* mögliche Untergliederung einer längeren Wettkampfperiode dar. Wie Aufbau-, Zusatz- und Qualifikationswettkämpfe (unter sportartspezifischem Aspekt) in der Wettkampfperiode eines Hochleistungstrainings verteilt sein können, ist in Beispiel 24 illustriert. Das ,,Pendelprinzip" als Modell der Gestaltung der Wettkampfperiode durch Mikrozyklen kontrastierenden Inhalts wird im Beispiel 25 vorgestellt. Die Beispiele 26 bis 28 informieren über Möglichkeiten der Strukturierung des ,,großen Zyklus" der Vorbereitungsperiode (Krafttraining, Boxen, Eishockey).

Beispiel 29 soll auf die nicht selten anzutreffende Notwendigkeit der Anpassung von Makrozyklen an spezifische innere Leistungsvoraussetzungen (hier: Menstruationszyklus) aufmerksam machen. Beispiel 30 schließlich enthält überlegenswerte Anregungen zur *individuellen Gestaltung* von Makrozyklen (und nach längerfristigeren Trainingsabschnitten).

Überblick

Beispiel 23:   Aufbau der Wettkampfperiode aus Makrozyklen (68)

Darstellung: Abb. 50

Zyklus	Gestaltung	Hauptziele
1. Zyklus etwa 4 bis 8 Wochen	Allmählicher Übergang zu optimaler Wettkampfhäufigkeit; Aufbauwettkämpfe mit ansteigendem Schwierigkeitsgrad; ein bis zwei Hauptwettkämpfe am Ende des Zyklus; Belastungsumfang im Training je nach Wettkampfhäufigkeit und Belastungsverträglichkeit etwas reduziert	Schnelles Steigern der Wettkampfleistung; Erreichen von Qualifikationsnormen; Erziehung zur Wettkampfhärte; Erkennen von Schwächen und Reserven; Sammeln von Wettkampferfahrungen und Überprüfen taktischer Grundeinstellungen; Festigung der Technik unter Wettkampfbedingungen
2. Zyklus etwa 4 Wochen	Schwerpunkt liegt im Training; Erhöhen des Belastungsumfanges und der Trainingshäufigkeit; nur einzelne Wettkämpfe, keine Einschränkung des Trainings	Beseitigung der in den Wettkämpfen erkannten Schwächen
3. Zyklus etwa 4 Wochen	Wettkämpfe mit höherem Schwierigkeitsgrad als im ersten Zyklus über Aufbauwettkämpfe zu Qualifikations- bzw. Ausscheidungswettkämpfen; allmähliche Reduzierung des Belastungsumfanges im Training nach den Erfordernissen der Sportdisziplin	Stabilisierung des Wettkampfzustandes; Vorbereitung auf Qualifikations- oder Ausscheidungswettkämpfe; Bewährung unter besonders schwierigen Wettkampfbedingungen
4. Zyklus etwa 4 bis 5 Wochen	Spezielle Vorbereitung auf den Wettkampfhöhepunkt des Jahres	

Abb. 50   Aufbau der Wettkampfperiode aus Makrozyklen

Beispiel 24: Wettkampfperiodisierung Degen 1979/80 (69)

Darstellung: Abb. 51

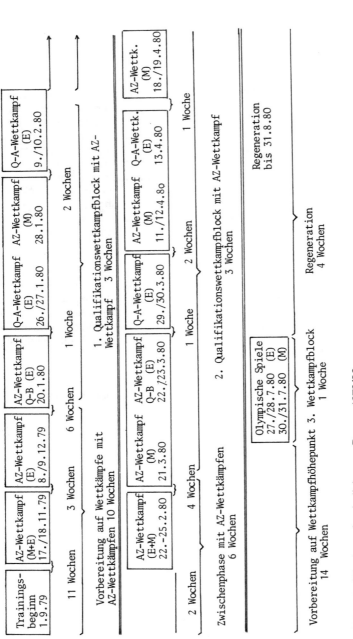

Abb. 51 Wettkampfperiodisierung Degen 1979/80

Beispiel 25: Das Pendelprinzip der Wettkampfvorbereitung (70)

Darstellung: Abb. 52

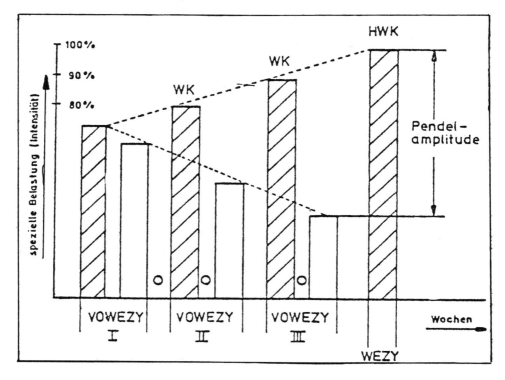

▨ = spezielle Belastung	Vowezy = Vorwettkampfzyklus
o = aktive Erholung	Wezy = Wettkampfzyklus
	HWK = Hauptwettkampf
☐ = allgemeine Belastung	

Abb. 52 Das Pendelprinzip der Wettkampfvorbereitung

Beispiel 26: Makrozyklusgestaltung im Krafttraining (71)

Darstellung: Abb. 53

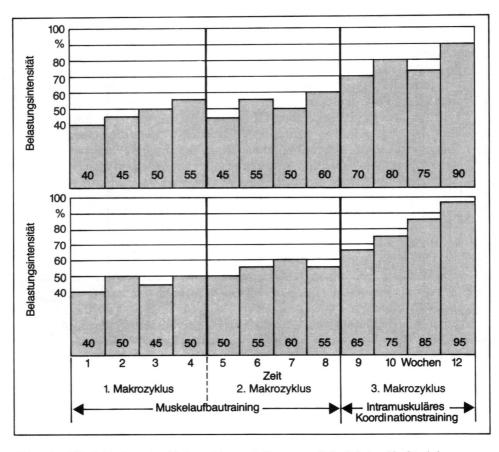

Abb. 53 Möglichkeiten der Makrozyklusgestaltung am Beispiel des Krafttrainings

Beispiel 27:   Makrozyklus Boxen (72)

Darstellung: Abb. 54

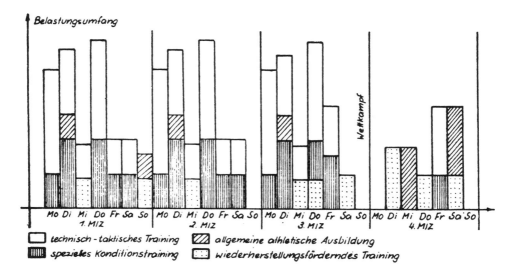

Abb. 54   *Schematische Darstellung eines Mesozyklus in der Sportart Boxen zur Herausbildung der komplexen wettkampfspezifischen Leistung gegen Ende einer Vorbereitungsperiode*

Anmerkung:

Die Autoren haben „weitere Aufgaben des Trainings, z. B. Massage und Sauna", nicht in die Abbildung einbezogen. Sie weisen außerdem darauf hin, „daß das Training im 4. MIZ mit relativ
geringer Intensität durchzuführen ist" (73).

Beispiel 28: Makrozyklus Eishockey (74)

Darstellung: Abb. 55

Periode	Vorbereitungsperiode									
Monate	Juli				August			September		
Etappen	Allgemein vorbereitende E.				Speziell vorbereitende E.					
Meso-zyklen	Einarbei-tender	Entwickelnder Basis-MEZ			Stabilisierender Basis-MEZ			Vorwettkampf-MEZ		
Mikro-zyklen	Zwei normale MIZ	Ein normaler MIZ	Stoß-MIZ	Wieder-herstel-lungs-MIZ	Zwei normale MIZ	Zwei Stoß-MIZ	Wieder-herstel-lungs-MIZ	Ein normaler MZ	Ein Stoß-MIZ	Ein her-anfüh-render MIZ

Abb. 55   Struktur der Vorbereitungspericde; Training hochqualifizierter Eishockeyspieler

Beispiel 29: Leichtathletik, Mittelstreckenlauf Frauen. Makrozyklen in der speziellen Vorbereitungsetappe (Miz = Mikrozyklus); Belastungs- und Erholungssteuerung unter Berücksichtigung geschlechtsspezifischer Gesichtspunkte (75)

Darstellung: Abb. 56

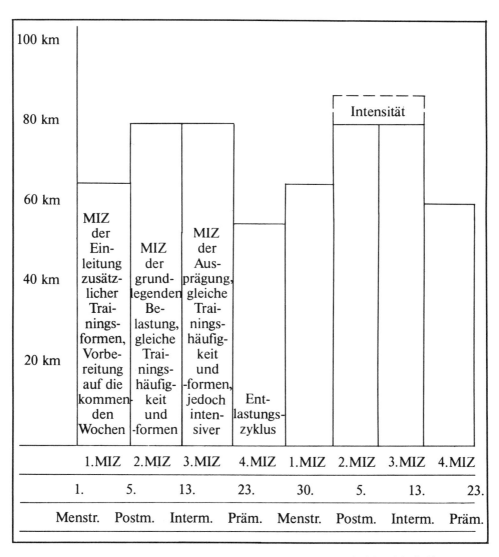

Abb. 56 *Makrozyklus in der speziellen Vorbereitungsetappe, Leichtathletik Frauen*

Beispiel 30:   Individuelle Trainingsstrukturen (76)

Darstellung: Abb. 57

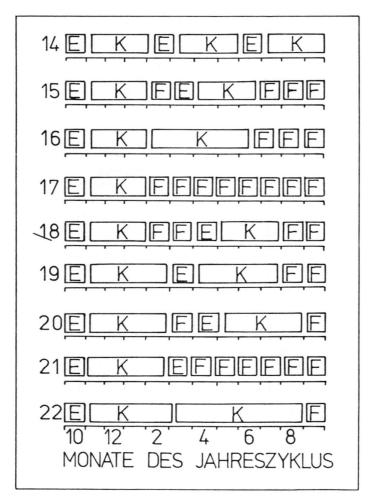

Abb. 57   Beispielhafte Trainingsstrukturen (BONDARCUK); E = Periode der Erholung, K = Periode der konditionellen Entwicklung (bzw. der Leistungsentwicklung), F = Periode der Formerhaltung bei 3- und 4-Monats-Typen der Reaktion (Sportler), Nr. 14—18: 3-Monats-Typ, Nr. 19—22: 4-Monats-Typ.

5.5 Ausgewählte Wochentrainingspläne (Mikrozykluspläne, Operativpläne)

Überblick

Insgesamt wurden 15 Wochentrainingspläne ausgewählt, die Ansätze sportart(disziplin-)spezifischer und/oder leistungsfaktorenspezifischer Belastungsplanung in den verschiedenen Abschnitten des Trainingsjahres enthalten.

Die beiden ersten Ansätze (Beispiel 31 und 32) entstammen dem Skilanglauf und versuchen in ihrer Aneinanderreihung der Vorstellung ,,sprunghafte Belastungsänderung bewirkt eine überdurchschnittliche Verbesserung des Trainingszustandes'' zu entsprechen.

Beispiel 33 kann als Modell der Belastungs-Wiederherstellungsplanung für schwerpunktmäßig ausdauerdeterminierte Sportarten, beispielsweise für die Mittel- und Langstreckendisziplinen der Leichtathletik, aus leistungsphysiologisch/biochemischer Sicht angesehen werden.

Die Beispiele 34 bis 45 beziehen sich auf durch unterschiedliche Leistungsfaktorenbündel bestimmte Sportarten (-disziplinen) wie Gerätturnen (34 bis 36), Schwimmen (Lagen, 37), Sprint (38), Langstrecke (39), Leichtathletik (40—42) und den Bereich der Sport- bzw. Rückschlagspiele Handball (43), Volleyball (44), Tennis (45).

Beispiel 31: 1. Mikrozyklus für ein leichteres Training im Skilanglauf — Nachwuchsbereich. Dafür stehen verschiedene standardisierte Trainingsmodelle zur Verfügung.

Modell 1 = spezielle Schnell- und Sprungkraft am Berg

Modell 2 = Schnellkraft (Sprungkraft und Schnelligkeit) und Kraftausdauer (Circuit) in der Halle

Modell 3 = Maximalkraft (Beine) und Zugwagen (spezielle Kraftausdauer der Arme)

Modell 4 = Wechseltraining im Wald mit 3 x 1500 m in 80—90% Intensität

Modell 5 = Zugwagen und Kraftausdauer = spezielle Aufwärmarbeit (77).

Darstellung: Abb. 58

1. Mikrozyklus (leichtes Training) — Skilanglauf, Nachwuchsbereich — Gesamtumfang 55 km, davon Lauf 25 km, Skiroller 30 km

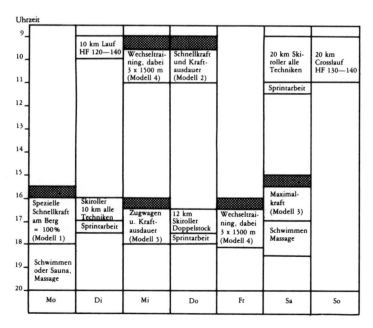

Abb. 58 1. Mikrozyklus für leichteres Training im Skilanglauf — Nachwuchsbereich

Beispiel 32:   2. Mikrozyklus für ein schweres Training —
Skilanglauf — Nachwuchsbereich (78)

Darstellung: Abb. 59

2. Mikrozyklus (schweres Training)
Gesamtumfang 90 km, davon Lauf 46 km, Skiroller 44 km

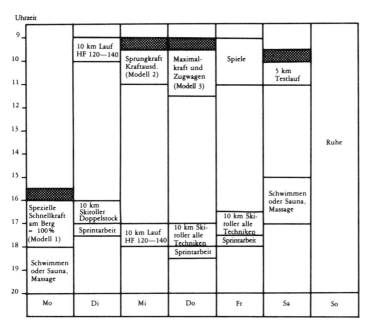

Abb. 59   2. Mikrozyklus für schwereres Training im Skilanglauf — Nachwuchsbereich

Aufgabe 9

Berechnen Sie (in % der Gesamtbelastung der jeweiligen Trainingswoche) im 1. Mikrozyklus die Anteile an

a) Krafttraining (Schnellkraft, Kraftausdauer, Maximalkraft)

b) Wiederherstellungsmaßnahmen

Berechnen Sie im 2. Mikrozyklus die Anteile an

c) Sprintarbeit

d) Ausdauertraining (ohne Kraftausdauer, aber mit Skiroller)

Beispiel 33: Modell eines Mikrozyklus mit 10 Trainingseinheiten (TE) für Mittel- und Langstreckler, zu-
sammengestellt aus sportmedizinischer Sicht
nach KINDERMANN (79)

Darstellung: Abb. 60

	Montag	Dienstag	Mittwoch	Donnerstag	Freitag	Samstag	Sonntag
	TE 1 Dauertraining 90—120 min 60% Intensität	TE 2 Regenerationstrain. 45—60 min 40—50% Intensität	TE 4 Regenerationstrain. 45—60 min 50—50% Intensität	TE 6 Dauertraining 90—120 min 60% Intensität	TE 7 Regenerationstraining 40—60 min	TE 9 Dauertraining 90—120 min 60% Intensität	TE 10 Wechseltraining Intensitätsschwank. 50—80%
		TE 3 Schnelligkeitsausdauertraining 80—90% Intensität	TE 5 Dauertraining 45—60 min ca. 70—80% Intensität		TE 8 Schnelligkeitsausdauertraining 80—90% Intensität		

Abb. 60 *Modell eines Mikrozyklus mit zehn Trainingseinheiten für Mittel- und Langstreckler*

Beispiel 34:   Modell eines Mikrozyklus mit zwei Belastungshöhepunkten — Gerätturnen (80)

Darstellung: Abb. 61

Tag	Athletische Ausbildung		Reck	Barren	Sprung-pferd	Pauschen-pferd	Ringe	Boden	Gesamt
	allgem.	spezielle							
Mo	90 Min.								90 Min.
Di		40 Min.	30 Min.	30 Min.	20 Min.				120 Min.
Mi		40 Min.				30 Min.	30 Min.	30 Min.	130 Min.
Do	40 Min.	40 Min.							80 Min.
Fr		20 Min.	20 Min.	20 Min.	20 Min.	20 Min.	20 Min.	20 Min.	140 Min.
Sa									
	130 Min.	140 Min.	50 Min.	50 Min.	40 Min.	50 Min.	50 Min.	50 Min.	560 Min.

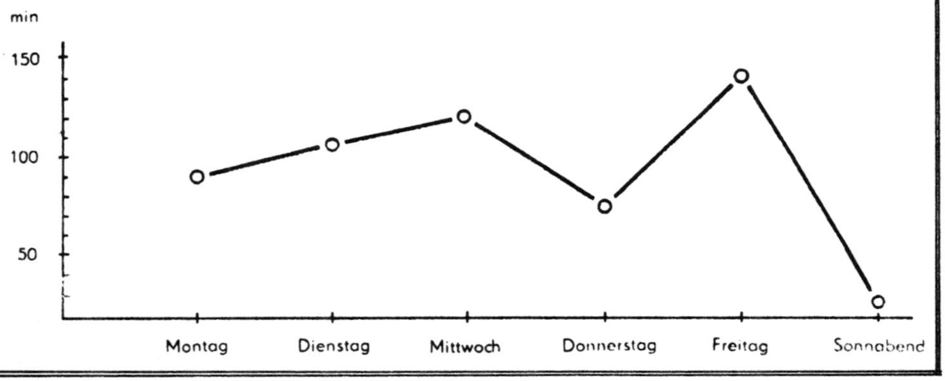

Abb. 61   Modell eines Mikrozyklus mit zwei Belastungshöhepunkten

Beispiel 35: Mikrozyklus des Trainingsprogramms von Spitzenturnerinnen aus der Vorbereitungsperiode nach TSCHERJOSCHNOWA (81)

Darstellung: Abb. 62

1. Tag	2. Tag	3. Tag	4. Tag	5. Tag	6. Tag	7. Tag
1. TE 40—60 % aller Elemente und 50—60 % aller Kombinationen an zwei Geräten, Durchturnen der Pflichtübungen an zwei Geräten	1. TE 60—70 % der Elemente, 60—70 % der Kombinationen an zwei Geräten, alle Stützsprünge	1. TE wie 1. Tag	1. TE Konditionstraining	1. TE wie 2. Tag	1. TE wie 1. Tag	frei
2. TE 40—60 % aller Elemente an einem weiteren Gerät und dazu 50—60 % der Kombinationen; alle Stützsprünge werden durchgesprungen, das Kürprogramm eines Gerätes geturnt	2. TE 30—40 % der Elemente und Kombinationen am schwachen Gerät	2. TE wie 2. Tag	frei	2. TE wie 2. Tag	2. TE wie 1. Tag	frei

Abb. 62   Mikrozyklus des Trainingsprogramms von Spitzenturnerinnen — Vorbereitungsperiode

Beispiel 36: Mikrozyklus, Turner (82)

Darstellung: Abb. 63

Tag/Zeit	Gerät	Übungen	Wieder-holungen	Haupttrainingsziel
Montag 18—21 Uhr	Boden	1. Handstandüberschlag vorwärts	5 x	Technik-verbesserung
		2. Salto vorwärts	5 x	Technik-verbesserung
		3. Radwende — Flick-Flack	5 x	Technik-verbesserung
		4. Radwende — Flick-Flack — Salto	5 x	Technik-Verbesserung
		5. Erste drei Bahnen Pflichtübung	2 x	Verbesserung der Ausführung
		6. Zwei letzte Bahnen Pflichtübung	2 x	Verbesserung der Ausführung
	Pferd	1. Drittes Drittel der Pflichtübung	3 x	Durchturnen in der Verbindung
		2. Erstes und zweites Drittel der Pflichtübung	3 x	Durchturnen und Technik
	Ringe	1. Schleudern — Felge — Ablegen — Pflichtabgang	3 x	Verbesserung der Technik
		2. Pflichtübung bis zur Hangwaage vorlings	3 x	Verbesserung der Technik, exakte Ausführung der Kraftteile
	Barren	1. Stützkehre	10 x	Verbesserung der Ausführung
		2. Gestrecktes Heben in den Handstand	5 x	Spezieller Kraftzuwachs
Dienstag 18—21 Uhr	Sprung	1. Pflichtsprung	5 x	Verbesserung der 2. Flugphase
		2. Tsukahara	5 x	Einsprung durch die Vertikale
	Barren	1. Stützkehre — Felge	5 x	Grobform schaffen
		2. Pflichtübung bis zur Handstand-$^1/_2$-Drehung	2 x	Sicherheit, Verbesserung
	Reck	1. Durchschub mit $^1/_2$ Drehung, Pflichtverbindung bis Stemme in den Stütz	3 x	Grobform schaffen
		2. Freie Felge — Kreuzgriff-drehung bis zum Abgang (Pflicht)	3 x	Abgang mit exaktem Beugen und Strek-ken der Hüfte
	Ringe	1. Hangwaage vorlings	3 x	Halten
		2. Gestrecktes Heben in den Handstand	3 x	Ausführung mit Haltung
Mittwoch 18—20 Uhr		Waldlauf, Dauerlauf über 4 km		Verbesserung der all-gemeinen Ausdauer
	Boden	1. Handstandüberschlag vorwärts	5 x	Technik-Feinkorrektur
		2. Salto vorwärts	5 x	Technik-Feinkorrektur
		3. Radwende — Flick-Flack	5 x	Technik-Feinkorrektur
		4. Radwende — Flick-Flack — Salto rückwärts	5 x	Technik-Feinkorrektur
	Barren	1. Stützkehre	5 x	Verbesserung der Technik
		2. Felge	5 x	Verbesserung der Technik

Tag/Zeit	Gerät	Übungen	Wieder-holungen	Haupttrainingsziel
	Ringe	1. Hangwaage vorlings	3 x	Halten
		2. Gestrecktes Heben in den Handstand	3 x	Spezieller Kraftzuwachs
	Trampolin und Weich-grube	1. Salto vorwärts mit $^1/_1$ Drehung	10 x	Richtige Armführung
		2. Salto rückwärts mit $^1/_1$ Drehung	10 x	Durch Körperspan-nung und richtige Kopfhaltung exakte Längsdrehung
Donnerstag 18—21 Uhr	Boden	1. Radwende — Flick-Flack — Bücksalto	3 x	Gute Ausführung
		2. Radwende — 2 Flick-Flack — Hocksalto	3 x	Gute Ausführung
		3. Radwende — Salto rück-wärts mit $^1/_1$ Drehung	5 x	Exakte Drehung
	Pferd	1. Kürübung	2 x	Sicherheit
		2. Drittes Drittel der Pflicht	3 x	Verbesserung der Ausführung
		3. Erste zwei Drittel der Pflicht	3 x	Sicherheit
	Ringe	1. Schleudern — Felge	5 x	Verbesserung der Technik
		2. Tsukahara-Abgang	5 x	Verbesserung der Technik
	Barren	1. Stützkehre	10 x	Verbesserung der Technik
		2. Gestrecktes Heben in den Handstand	5 x	Sichere Ausführung
Freitag 18—21 Uhr	Sprung	1. Pflichtsprung	10 x	Verbesserung des Handabdrucks
		2. Tsukahara	5 x	Verbesserung der Standsicherheit
	Barren	1. Ganze Pflichtübung	1 x	Einmal durchturnen
		2. Stützkehre — Felge	5 x	Verbesserung der Technik
	Reck	1. Pirouette	5 x	Sichere Ausführung
		2. Durchschub mit $^1/_2$ Drehung	3 x	Schubrichtung 45 Grad
		3. Aufgrätschen Pflichtver-bindung bis Stemme	3 x	Schwungweite
		4. Pflicht-Abgang	3 x	Beugen und Strecken der Hüfte
	Ringe	Heben in den Handstand — Senken zur Handwaage vorlings	3 x	Gestreckte Körperhaltung — gestrecktes Halten
Sonnabend		Waldlauf, Dauerlauf 4 km		Verbesserung der all-gemeinen Ausdauer
Sonntag 9.30—12 Uhr		Auswahl der Geräte und der Übungen aufgrund des Trainingsab-laufs in der Woche		

Abb. 63 Beispiel (fiktiv) eines Wochentrainingsplans eines 18- bis 19jährigen Turners, der sich erstmalig auf den Start in der Olympiaklasse vorbereitet

Beispiel 37:   Modell eines Mikrozyklus für das Lagenschwimmen (83)

Darstellung: Abb. 64

Erläuterung:

Trainingsplan gültig für alle Schwimmer — Mindestens elf Trainingseinheiten pro Woche:
6 abends ($2^{1}/_{4}$ Stunden — 6000 bis 9000 yds) und 5 morgens
(1 Stunde 10 Minuten — 3000 bis 5000 yds.)

Trainingseinheit für Technikwechsel: In dieser Art Trainingseinheit wird Wechsel von einer Technik zur anderen besonders be-
tont. Zum Beispiel kann der Schwimmer, wenn er 400-m-Lagen
schwimmt, alle 25 m einen Technikwechsel vornehmen, anstatt
alle 100 m. Unterbrochenes Schwimmen wird auch so durchgeführt, daß der Schwimmer sich nicht daran gewöhnt, die Technik nur nach einer Pause zu wechseln (d. h. wenn er 400 m
unterbrochen oder 4 x 100 m mit 10 Sek. Pause schwimmt, wür-
de er das wie folgt durchführen: 1. 100—50 Delphin/50 Rücken.
2. 100—50 Rücken/50 Brust. 3. 100—50 Brust/50 Kraul, 4.
100—50 Kraul/50 Delphin.

Grundsatz für den Lagenschwimmer:
1. Jeder Lagenschwimmer muß mindestens eine gesamte Trainingseinheit in der Woche ausschließlich in der schwächsten
   oder den schwächsten Schwimmtechniken zurückle-
   gen.
2. Er muß nicht jeden Tag Lagen trainieren
3. Er muß mindestens zwei Trainingseinheiten für Technikwechsel pro Woche verwenden. Mehr als die Hälfte der Schwimmer in der Universitäts-Mannschaft von Indiana schwimmen
   Lagen in mehreren Wettkämpfen.

Montag	Dienstag	Mittwoch
100 m Einschwimmen 12x100 m Gesamtbewegung alle 1:15 100 m Beinbewegung 2 x 500 m Armbewegung 2 x 500 m Gesamtbewegung	400 m Einschwimmen 6 x 150 m Gesamtbewegung 4 x 150 m Beinbewegung 4 x 150 m Armbewegung 18 x 50 m Gesamtbewegung	400 m Einschwimmen 6 x 100 m Gesamtbewegung 200 m, dann 3 x 100 m Beinbewegung, 200 m, dann 3 x 100 m Armbewegung, 400 m, 300 m, 200 m, 100 m Gesamtbewegung
Die ganze Trainingseinheit in der Kraulschwimmtechnik	Die gesamte Trainingseinheit in der Rückenkraul-Technik	Die gesamte Trainingseinheit in der Brustschwimm-Technik
800 m Einschwimmen 1200 m Gesamtbewegung 200 m Beinbewegung, 200 m Armbewegung, 200 m Gesamtbewegung, 100 m Beinbewegung, 100 m Armbewegung, 100 m Gesamtbewegung Wiederholen 10 x abwechselnd alle Techniken 800 m Kraul 8 x 200 m Gesamtbewegung Start alle 3 Min. 1. 200 m Delphin, 2. Lagen, 3. Rücken, 4. Lagen, 5. Brust, 6. Lagen, 7. Kraul, 8. Lagen	1200 m Einschwimmen 20 x 50 m Delphin 10 x 50 m Kraul 300 m Beinbewegung, davon 5 x 100 m Gesamtbewegung, Kraul und Delphin abw. 16 x 100 m alle 2 Min., in 4 Serien à 4 x 100 m 1. Serie Delphin, 2. Serie Kraul, 3. Serie Delphin, 4. Serie Kraul	Trainingseinheit für Technikwechsel Lagen Einschwimmen, 3 x 400 m Lagen unterbrochen in je 4 x 100 m mit 10 Sek. Pause, 30 x 25 Sprint: 1 Beinbewegung, 2 Armbewegung, 1 Gesamtbewegung, Technikwechsel 600 m Lagen nur als Beinbewegung, dann 12 x 50 m, wechselnde Technik, Armbewegung wie Beinbewegung, 4 x 200 m Gesamtbewegung mit Start von oben, die beiden ersten als Lagen, die beiden letzten in Delphin
Gesamtmeterzahl 7000	Gesamtmeterzahl 7000	Gesamtmeterzahl 6000

Donnerstag	Freitag	Samstag
kein Training	3500 m (beliebige) jede Schwimmtechnik, besondere Aufmerksamkeit auf die schwächste Technik und Brustschwimmen	500 m Einschwimmen 4 x 400 m Kraul progressiv 400 m Delphinbeinbewegung 400 m Kraularmbewegung 20 x 50 m Delphin
800 m Einschwimmen 6 x 150 m Gesamtbewegung, besondere Aufmerksamkeit auf Rücken- und Kraultechnik 400 m Beinbewegung, davon 8 x 100 m Kraul- und Rückenbewegung abwechselnd Armbewegung wie Beinbewegung 6 x 300 Gesamtbewegung alle 4^1/2 Minuten 50 m max.	Trainingseinheit für Technikwechsel 1200 m Lagen Einschwimmen 10 x 100 m Gesamtbewegung 1. Delphin, 2. Lagen, 3. Rücken, 4. Lagen, 5. Brust, 6. Lagen, 7. Kraul, 8. Lagen, 9. Delphin/Rücken 10. Brust/Kraul 400 m Lagen — Beine locker 10 x 25 m Beinbewegung — alle Techniken 400 m Lagen-Beinbewegung nach Zeit Armbewegung wie Beinbewegung 200 m unterbrochen — 200 m durch — 6 x wiederholen	Einschwimmen wie vor einem Wettkampf: 1. 800 m Einschwimmen 2. 8 x 50 m Gesamtbewegung — 2 aus jeder Technik 3. Schwimmen 1:55.7 über 200 m Lagen in Wettkampf 4. Schwimmen 20 x 100 m Kraul nach dem Wettkampf
Gesamtmeterzahl 6550 m	Gesamtmeterzahl 6400	

Abb. 64   Modell eines Mikrozyklus für das Lagenschwimmen

Aufgabe 10

Berechnen Sie in dem Zeitraum von Montag bis Freitag
a) den Umfang des Aufwärmens (Einschwimmens) in m
b) den Anteil des Einschwimmens in % der angegebenen
   Gesamtmeterzahl.

Beispiel 38:   Mikrozyklus Schwimmen, Sprint (84)

Darstellung: Abb. 65

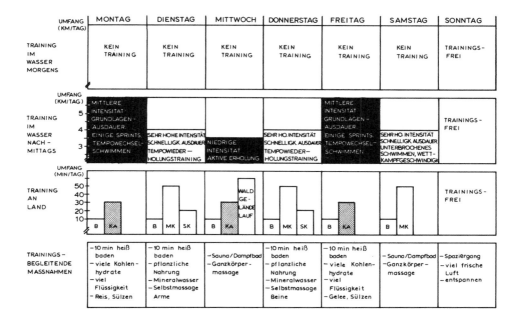

B   = *Beweglichkeitstraining*
MK = *Maximalkrafttraining*
SK = *Schnellkrafttraining*
KA = *Kraftausdauertraining*

Abb. 65 Beispiel eines Mikrozyklus (8. Trainingsjahr, 1. Makrozyklus, 2. Mesozyklus, 5. Mikrozyklus) für einen Sprinter.

Beispiel 39:   Mikrozyklus Schwimmen, Langstrecke (85)

Darstellung: Abb. 66

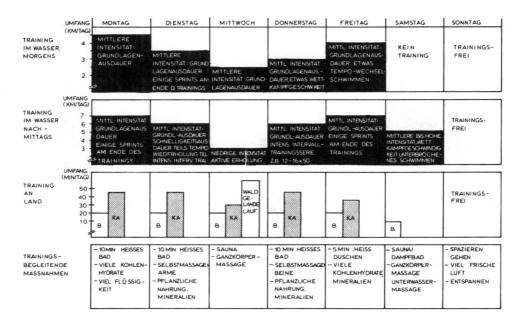

Abb. 66   Beispiel eines Mikrozyklus (8. Trainingsjahr, 1. Makrozyklus, 2. Mesozyklus, 5. Mikrozyklus) für einen Langstreckler.
Abkürzungen siehe Abb. 65

Beispiel 40:   Leichtathletik, Mikrozyklus Sprint, Männer (86)

Darstellung: Abb. 67 und 68

Montag	Dienstag	Mittwoch	Donnerstag	Freitag	Samstag	Sonntag
(vormittags) Kraft Koordination 6 x 5 EBS 6 x 5 LS 4 x 10 LS 10 x 5 HSS ü. Hü. 4 x 20 m KHL i. d. L. 4 x 20 m Hst (nachmittags) Schnelligkeit Schnelligk.- ausdauer (I1) 4 x 20/40 m Hst 2 x 4 x 60 m 6,6''-2'P 3 x 300 m 33,5''-12' P	Koordination Technik Schnelligkeit Schnelligk.- ausdauer (I1) 2 x 10/20/30 m KHL 4 x 20 m Tst 4 x 40 m Tst 6 x 60 m — 6,3''-4'P 120 m/180 m/ 120 m 12,2/ 19,5/12,2'' P — 10—15''	(vormittags) Kraft 6 x 8 Kniebeugen I = 70% submax. Geschw. 6 x 8 Beuger I = 70% ca. 200 Wh. allg. K (Bauch-, Rük- ken-, Arm- musk. usw.) (nachmittags) Koordination Komp. (ext. L.) Kraft 4 x 20 m FGA u. KHL 6x20 m KHL 2 x 4 Diago- nalläufe auf dem Rasen 4 x 8 HSS 4 x 12 AWS	Technik Schnelligkeit Schnelligk.- ausdauer (I1/I2) 4 x 10 m Wechselabl. 4 x 20 m Tst 4 x 40 m Tst 3 x 4 x 50-m-Staffel 180 m/220 m/120 m 19,5/3,0/ 12,2'' P — 10''	Kraft 8 x 6 Knie- beugen I — 85% submax. Geschw. 8 x 6 Beuger I — 85% 30'Medizinb. (allg. Athletik)	Koordination Schnelligkeit Schnelligk.- ausdauer (I2/I3) 2 x 10/20/30 KHL 2 x 20/40/60 Hst 6x100 m 6'P 10,6/10,4/ 10,2/10,2/ 10,4/10,6	Ruhe

EBS = Einbeinsprünge; LS = Laufsprünge; HSS = Hockstrecksprünge; KHL = Kniehebelauf; Hst = Hochstart; Tst = Tiefstart;
FGA = Fußgelenksarbeit; Komp. = Kompensation; (ext. L.) = extensive Tempoläufe; P = Pause; I = Intensität; I1 = Intensität 1
(—92—97 %); I2 = Intensität 2 (—85—92 %); K = Konditionierung; Frequ. = von submax. bis max. gehend; HL = Hopserlauf;

Abb. 67   Mikrozyklus am Ende der Vorbereitungsperiode (Zyklus mit maximalem Belastungsgrad)

Montag	Dienstag	Mittwoch	Donnerstag	Freitag	Sonntag
(vormittags)	Koordination	Kraft	Koordination	Kraft	Ruhe
Kraft	Technik	Koordination	Technik	Koordination	
Koordination	Schnelligkeit	Komp.	Schnelligkeit	HL/LS/KHL/	
Schnelligkeit	Schnelligkeits-	(ext. L.)	Schnelligk.-	HSS	
Schnelligkeits-	ausdauer (I2)	Kraft	ausdauer (I1)		
ausdauer (I1)	2 x 10/20 m	2 x 4/6 EBS	2 x 10/20/10		
4 x 5 EBS	KHL/Frequ.	2 x 4/6 LS	KHL/Frequ.		
4 x 5 LS	4 x 20 m Tst	15'FGA, KHL	4 x 20 m Tst		
2 x 10 LS	4 x 40 m Tst	usw.	2 x 40 m Tst		
4 x 20 m	2 x 60 m Tst	2 x 10/20 m Hst	2 x 4 x 50-m-		
KHL/Frequ.	4 x 4 x 50-m-	6 x 4 HSS ü.	Staffel		
2 x 10/20/30 Hst	Staffel	Hü.	12 x 200 m-20,8"		
2 x 60 m —	2 x 120 m-				
6,2" P—2'/8'	12,6"—10' P				
2 x 80 m —					
8,2" P—4'/12'					
180 m/220 m/					
120 m					
19,5/22,9/12,2"					
12' P 15' P					

Abb. 68   Mikrozyklus unmittelbar vor einem Hauptwettkampf

Beispiel 41: Leichtathletik, Stabhochsprung. Mikrozyklus Wettkampfperiode (vor Saisonhöhepunkt) (87).

Darstellung: Abb. 69

Tag	1. TE	Ziele und Inhalte	2. TE	Ziele und Inhalte
Montag	S SK	Schnelligkeit und Schnellkraft 1. 10 x Wettkampfanlauf auf Schubkasten 2. 5 x 60 m auf Zeit ohne Stab 3. Horizontalsprünge/Arbeit am Tau	—	—
Dienstag	mK	Maximalkraft: 1. Rumpf 2. Körperstreckschlinge 3. Schultern 4. Beine M	K + B	Koordination und Beweglichkeit: 1. Turnerische Mittel Reck/Boden 2. Gymnastik
Mittwoch	—	—	—	—
Donnerst.	T S	Technik und Schnelligkeit: 1. 20 Sprünge *über* Bestleistung 2. Laufkoordinations-ABC mit Stab	—	—
Freitag	SK	Spezielle Kraftarbeit 1. Horizontalsprünge mit max. Geschwindigkeit 2. Spezialübungen Absprung, Einrollen, Zugumstütz M	K + B	Koordination und Beweglichkeit 1. Schulung von Schlüsselsequenzen 2. Koordinationsläufe 120 m ca. 75 % Int. 3. Ganzkörpergymnastik
Samstag	—	—	—	—
Sonntag	—	Wettkampf	—	—

Abb. 69 Mikrozyklus der Wettkampfperiode vor dem Saisonhöhepunkt — Stabhochsprung

Beispiel 42:   Leichtathletik, Diskuswurf. Darstellung eines Stoßzyklus zur Vorbereitung auf das Europacup-Finale 1979 (88)

Darstellung: Abb. 70

Wochentag	Trainingsziel/-verfahren	Trainingsinhalt	
Montag	Spez. Krafttraining (Technik) Viels.-zielger. Krafttraining	20 x (2,0 kg und 2,3 kg Diskus) 10 x 2,3 kg Diskus 6 x 3,0 kg Scheibe (S) 10 x 3,0 kg Scheibe (D) 10 x 2,8 kg Stab (D)	Trainingseinheit 1
	Allgemeines Krafttraining	Reißen: 4 x 5 x 80 kg: 4 x 5 x 85 kg; Knie- 3 x 6 x 140 kg; 1 x 5 x 190 kg; beuge: 1 x 5 x 195 kg; 1 x 5 x 200 kg; Bank- 3 x 6 x 120 kg; 1 x 5 x 150 kg; drücken: 1 x 5 x 145 kg; 1 x 5 x 150 kg; Butterfl.: 6 x 8 x 7,5 kg (Gymnastik)	Trainingseinheit 2
Dienstag:	Spez. Krafttraining vielseitig-zielgerichtetes Krafttraining	10 x (2,0 kg u. 2,4 kg Diskus) 10 x 2,3 kg Diskus 4 x 3,0 kg Scheibe (S) 10 x 3,0 kg Scheibe (D) 10 x 2,8 kg Stab (D)	Trainingseinheit 1
	Schnelligkeitstraining	Einlaufen mit Steigerungen 5 x 4 Hürden überlaufen 6 x 5er Hop; 5 x 4 Hürdensprünge	Trainingseinheit 2
	Allgemeines Krafttraining	Anreißen: 3 x 5 x 100 kg; 3 x 5 x 110 kg Kniebeugen: 3 x 6 x 140 kg; 3 x 5 x 140 kg	
Mittwoch:	Technik Schnelligkeit	Einlaufprogramm, Imitationen 6 x 30 m Sprint (Spikes); 6 x 5er Hop (Spikes); 6 x 4 Hürden	Trainingseinheit 1
	Ausdauer	ca. 20 min. Dauerlauf	
Donnerstag:	Wie Montag; im Hanteltraining Steigerung der Gewichtsbelastung um 5 kg pro Übung		
Freitag:	Wie Dienstag; im Hanteltraining Steigerung der Gewichtsbelastung um 5 kg pro Übung		
Samstag:	Wie Mittwoch, Dauerlauf ca. 30 min; Unterwassermassage		
Sonntag:	frei		

Abb. 70   Darstellung eines Stoßzyklus zur Vorbereitung auf das Europacup-Finale 1979 im Diskuswurf

Beispiel 43:   Mikrozyklus Handball, Wettkampfperiode (89)

Darstellung: Abb. 71

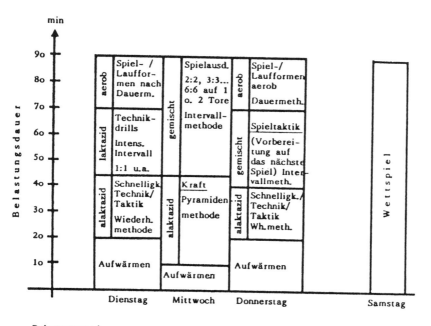

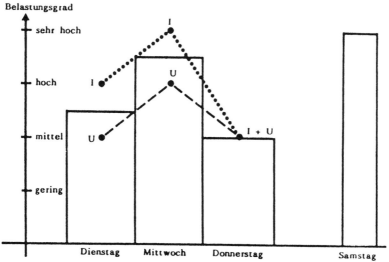

Abb. 71 Belastungsgrad und Verteilung der Trainingsinhalte eines Mikrozyklus im Handball

Beispiel 44:   Mikrozyklus Volleyball (90)

Darstellung: Abb. 72 a und b

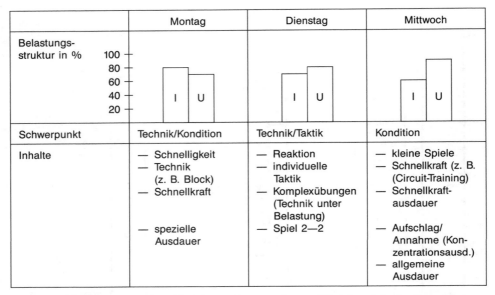

	Montag	Dienstag	Mittwoch
Belastungs-struktur in % 100 80 60 40 20	I U	I U	I U
Schwerpunkt	Technik/Kondition	Technik/Taktik	Kondition
Inhalte	— Schnelligkeit — Technik (z. B. Block) — Schnellkraft — spezielle Ausdauer	— Reaktion — individuelle Taktik — Komplexübungen (Technik unter Belastung) — Spiel 2—2	— kleine Spiele — Schnellkraft (z. B. (Circuit-Training) — Schnellkraft- ausdauer — Aufschlag/ Annahme (Kon- zentrationsausd.) — allgemeine Ausdauer

Abb. 72a   Belastungsstruktur, Trainingsschwerpunkte und Trainingsinhalte eines Mikrozyklus im ersten Teil der Vorbereitungsperiode

	Samstag	Montag	Mittwoch	Donnerstag	Samstag
Belastungs-struktur in % 100 80 60 40 20	I	I U	I U	I U	I
Inhalte	Punktspiel	— Reaktion — Angriff (Auf- steiger, Schuß) — spez. Zu- spielertrain. — Hauptfehler letztes Spiel — Sprungkraft- ausdauer	— Schnelligk. — Abwehr — Sprung- kraft — Sprung- kraftausd.	— Annahme — Zielauf- schläge — Angriffs- kombinat. — Spiel mit Schwerp. (schnelle Angriffe)	— Punktspiel

Abb. 72b   Belastungsstruktur und Trainingsinhalte eines Mikrozyklus in der Wettkampfperiode

Beispiel 45:   Mikrozyklus Tennis, Nachwuchstraining (91)

Darstellung: Abb. 73

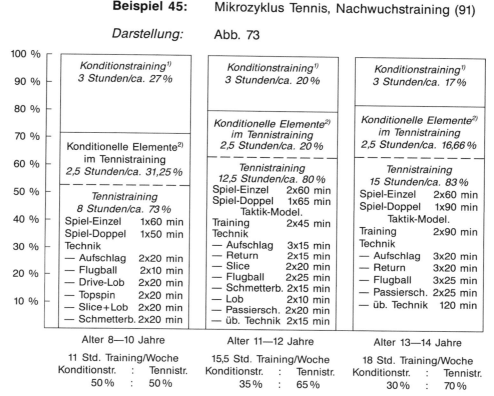

Abb. 73   *Altersspezifische Aufteilung der Trainingsstunden im Mikrozyklus (7 Tage)*

Anmerkungen:

1. Die Zeitangaben sind Durchschnittswerte für alle drei Kategorien.

Ausdauer aerob	2 x 30 min
Gewandheit, Reaktion, Koordination	2 x 20 min
Schnelligkeit, Kraft, Ausdauer anaerob, Schnellkraft, Kraftschnelligkeit, Kraftausdauer, Beweglichkeit	2 x 60 min

2. Konditionelle Elemente im Tennistraining: Gewandtheit, Kraftschnelligkeit, Schnellkraft, Aktionsschnelligkeit, Reaktionsschnelligkeit.

Grundsätzliche Hinweise für alle Alterskategorien:

— Jedes Element sollte mindestens zweimal in der Woche vorhanden sein.

— Jedes Element sollte mindestens 20 Minuten (mit Ausnahmen) dauern.

— Konditionelle Elemente sollten regelmäßig in das Tennistraining eingebaut werden, wobei nebenbei fast alle Tennistechniken geübt werden.

— Vor allem sollte trainiert werden: Schläge, die besonders oft vorkommen, Schläge, die besonders oft zu Punkten führen und Schläge, bei denen man besonders viele Fehler macht (92).

5.6 Ausgewählte Trainingseinheiten

Die beiden angeführten Beispiele für die Gestaltung von Trainingseinheiten sollen   **Überblick**

1. die bisher ersichtlichen Gestaltungsgrundsätze ergänzen bzw. vertiefen (Beispiel 46)

2. auf die die individuelle Leistungsentwicklung berücksichtigende notwendige Änderung der Gestaltung der Trainingseinheit im längerfristigen Trainingsprozeß verweisen (Beispiel 47).

Beispiel 46: Trainingseinheitenplan für Schwimmer; Trainingsstufe Grundlagentraining, Vorbereitungsperiode (Trockentraining) (93)

Darstellung: Abb. 74

Trainingseinheitenplan Nr. . . .	Trainingsgruppe/Sportler: Schwimmer
Trainingsabschnitt:	Grundlagentraining, Vorbereitungsperiode, (Trockentrain.)
Übergeordnete Ziele	1. Optimierung der Maximalkraft (Arm- u. Schultermusk.)
der TE:	2. Optimierung der Kraftausdauer (komplex)

Abschnitt der TE	Zielsetzung	Trainingsinhalt (Trainingsüb.)	Trainingsbelastung Belastungsumfang/Belastungsintensität	
↑ A	Nachbereitung	„Belastungsgespräch"	5 min	
	Phys.-psychol. Ausgleich	Fußballtennis Auslaufen	10—15 min 3—5 min	gering bis mittel
↑ 2. HT	Optimierung der Kraftausdauer, Sprung-, Bauch-, Arm-, Schulter- und Rückenmuskeln	Belastungskreis nach Lewin (1977, 137) mit 8 Übungen (Stationen)	Übungsdauer 1 min pro Station gefolgt von jeweils 1 min Pause	40—60% der individuellen übungsspezifischen max. Leistungsfähigkeit
↑ 2. ET	Lockern, Entspannung der Arm-, Schultermuskeln	Ausschütt. Selbst- und Partnermassage	5—7 min	
↑ 1. HT	Optimierung	Zuggerät Üb. 2	4—6 Wiederhol. 3 min Pause	
	Maximalkraft	Zuggerät Üb. 1	4—6 Wiederhol. 3 min Pause	90—95% der individuell-übungsspezifischen max. Leistungsfähigkeit
	Arm- und Schultermuskeln	Reck Üb. 2	4—6 Wiederhol. 2 min Pause	
		Reck. Üb. 1	4—6 Wiederhol. 2 min Pause	
↑ 1. ET	Aufwärmen Phys. Vorbereitung	Einlaufen, Lockerungs-, Dehnungs- und Entsp.-Übungen	10—15 min	Gering bis mittel

Abb. 74   *Trainingseinheitenplan für Schwimmer*

Beispiel 47: Trainingseinheitenplan für Schwimmer; Trainingsstufe Hochleistungstraining, Vorbereitungs- und Wettkampfperiode (93)

Darstellung: Abb. 75

Trainingseinheit am Anfang der Saison 4. November (25 Yard Becken)	Trainingseinheit mitten in der Saison 12. Februar	Trainingseinheit in der Formzuspitzung 16. März
Morgens	Morgens 1. 800 m Einschwimmen (200 m Gesamtbewegung, 200 m Beinbewegung, 200 m Armbewegung, 200 m Gesamtbewegung) 2. 20 x 50 m Gesamtbewegung (die ersten 16 in der Kraultechnik alle 45 sec., Durchschnittszeit 28 sec., die letzten 4 in der Schmetterlingstechnik alle 45 sec., Durch.z. 28 sec.) 3. 5 x 100 Schmetterlingsbeinbewegung alle 1:45 (Durchschnittszeit 1:15) 4. 500 m Kraul-Armbewegung nach Zeit; Zeit 5:37 5. Gesamtbewegung mit mittlerer Intensität: 400 m Lagen, Zeit 5 min., 200 m Lagen, Zeit 2:21 min. Gesamtumfang: 3400 m Zeitdauer: 1 Std. 10 min.	Morgens 2000 m (ohne festgesetzte Organisation), 2 x pro Woche
Wir haben nachmittags 5 Trainingseinheiten pro Woche à 2 Stunden durchgeführt und zusätzlich eine halbe Stunde isokinetische Übungen gemacht. 1. 800 m Einschwimmen 2. 8 x 200 m Gesamtbewegung alle 2:15, Durchschnittszeit 2:01; 4 x 200 m Gesamtbewegung alle 2:05; Durchschnittszeit: 1:59 3. 800 m Gesamtbewegung, erste Hälfte langsam und zweite Hälfte schnell, Endzeit 8:01, erste Hälfte 4:10	Nachmittags, Trainingseinheit für das Schmetterlingsschwimmen (mindestens 75% in der Schmetterlingstechnik) 1. 1000 m Einschwimmen (250 m Gesamtbewegung, 250 m Armbewegung, 250 m Beinbewegung, 250 m Gesamtbewegung), die Hälfte des Einschwimmens in der Schmetterlingstechnik 2. 20 x 100 m Gesamtbewegung alle 1:15 (jede zweite Schmetterling, die andere Kraul; Durch-	Nachmittag 1. 800 m Einschwimmen 2. 6 x 100 m Kraul-Gesamtbewegung, locker alle 1:30, Durchschnittszeit 1:03 3. 4 x 100 m Kraul-Gesamtbewegung in mittlerer Intensität, alle 1:20, Durchschnittszeit 0.59 4. 8 x 25 m Gesamtbewegung, jede zweite schnell — die schnellen in

Trainingseinheit am Anfang der Saison 4. November (25 Yard Becken)	Trainingseinheit mitten in der Saison 12. Februar	Trainingseinheit in der Formzuspitzung 16. März
4. 800 m Armbewegung gleichmäßig; er benutzte einen Schwimmschlauch von 7 inch (= ca. 18 cm) Durchmesser. Er mochte keine Pull-buoys und benutzte keine Paddles. 5. 800 m Armbewegung gleichmäßig 6. Gesamtbewegung 400 erste 200 m Schmetterling, zweite Kraul; 300 — erste 150 m Schmetterling, zweite Kraul; 200 m — erste 100 m Schmetterling; zweite Kraul; 100 — erste 50 m Schmetterling, zweite Kraul Gesamtumfang: 6 600	schnittzeit für Schmetterling 61 sec, für Kraul 65 sec) 3. 12 x 25 Gesamtbewegung, jede zweite schnell (alle schnellen Schmetterling mit Start von unten 11,5 sec) 4. 400 m Schmetterlingsbeinbewegung, dann 3 x 200 m Schmetterlingsbeinbewegung alle 3 min, Durchschnittszeit 2:47 5. 400 m Kraul-Armbewegung, dann 6 x 100 alle 1:30, jede zweite Schmetterling, ohne die Zeiten aufzuschreiben 6. 4 x 200 m Gesamtbewegung alle 6 min. Falls Mark auf den ersten drei unter 2 min blieb, brauchte er die vierten nicht zu schwimmen. Seine Zeiten: 1:58,0; 2. 1:57,0; 3. 1:54,0. Gesamtstreckenlänge: 5 900, davon in Schmetterling: 3 250 oder etwa 55 %	Schmetterlingstechnik, die langsamen Kraul 5. 400 m Beinbewegung; dann 2 x 50 m, Durchschnittszeit 31 sec 6. 300 m Armbewegung locker 7. 4 x 50 Gesamtbewegung, Schmetterling alle 60 sec; Durchschnittszeit 27 sec. (Start von unten) 8. 4 x 50 m Gesamtbewegung, Schmetterling, alle 1:30, Durchschnittszeit 23,6 (Start von unten) 9. 400 m locker Kraul als Ausschwimmen Gesamtstreckenlänge: 3 500 m, Zeitdauer: 1$\frac{1}{2}$ Std. (6 x pro Woche)

Abb. 75   Trainingseinheitenplan für Schwimmer

6. Graphische Darstellung und Checklisten als Hilfsmittel der Planung und Auswertung des Trainings

In Kap. 4.2.3 des Studienbriefs wurde bereits auf die Notwendigkeit der Trainingsdokumentation hingewiesen, um den Trainingsplan auf seine Verwirklichung hin überprüfen bzw. um Aussagen über die Wirksamkeit der geplanten Maßnahmen gewinnen zu können.

Planung und Auswertung des Trainings werden durch Verwendung von graphischen Darstellungen, Checklisten und Netzplänen erleichtert. Sie werden übersichtlicher, leichter nachvollziehbar und überprüfbar.

6.1 Zur Verwendung graphischer Darstellungen

Einführung
Graphische Darstellungen kommen vor allem in den Bereichen **Belastungs-** und **Diagnoseplanung** zum Einsatz. Durch Bildung von Kennziffern aus diesen Bereichen, das heißt durch Quantifizierung der Belastungsanforderungen des Trainings und durch Charakterisierung des Anpassungsprozesses mit Hilfe aussagekräftiger Beschreibungsgrößen (z. B. physiologische, biochemische, biomechanische Parameter), wird es möglich, Zusammenhänge besser zu erkennen und eventuelle Plankorrekturen rechtzeitig einzuleiten. Die Kennziffern — sie können in Form von Summen, Differenzen, Prozenten etc. vorliegen — werden mit Hilfe übersichtlicher und anschaulicher Symbole, z. B. Linien, Piktogramme, Schraffuren u.a.m. graphisch aufbereitet. Bewährt hat sich dabei die Darstellung in Koordinatensystemen, wobei auf der x-Achse (Abszisse) meist die Zeitinformationen (wie Planungszeitraum, Trainingszeitraum, Untersuchungstermine etc.) aufgetragen werden.

Querverweis
→
Der Studienbrief ,,Grundlagen der Statistik'' informiert sie eingehend über diese Thematik.

Als Formen der Darstellung können **Überblick**

— Kurvendiagramme (Polygonzug)
— Flächendiagramme (Rechteck, Säule, Kreisfläche)
— kombinierte Kurven- und Flächendiagramme

unterschieden werden.

Die *Abb. 76 bis 79* sollen, teilweise unter Berücksichtigung bereits angeführter Beispiele, die Verwendung der graphischen Darstellungsformen verdeutlichen. *Abb. 80* informiert über eine Möglichkeit der Belastungsplanung und -auswertung mittels eines Protokollblatts.

Beispiel 1: Kurvendiagramm

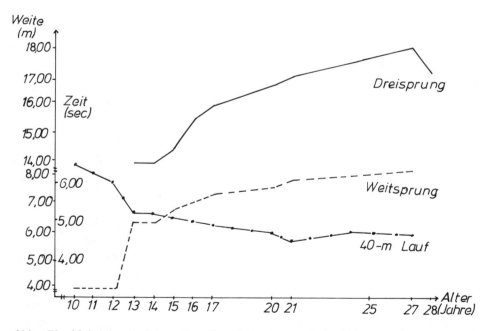

Abb. 76 Mehrjahrestrainingsplan für Dreispringer (vgl. Abb. 29, S. 86) Bereich: Wettkampf- und Testleistungen (Auswahl). Die geplanten Leistungen sind so dargestellt:
Dreisprung: ——————
Weitsprung: -------------------
40-m-Lauf: o-o-o-o-o-o-o-o

Beispiel 2:   Flächendiagramm (Säulendiagramm)

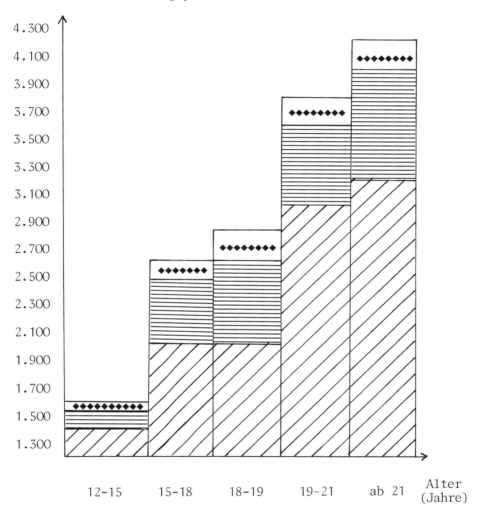

Abb. 77   Mehrjahrestrainingsplan für 800-m-Läufer (vgl. Abb. 30, S. 88) Bereich: Belastungsumfang.
Die Maximalwerte für die geplanten Laufkilometer pro Trainingsjahr mit aerober, gemischter und anaerober Belastung sind so dargestellt:

Beispiel 3:   Flächendiagramm (Kreisdiagramm)

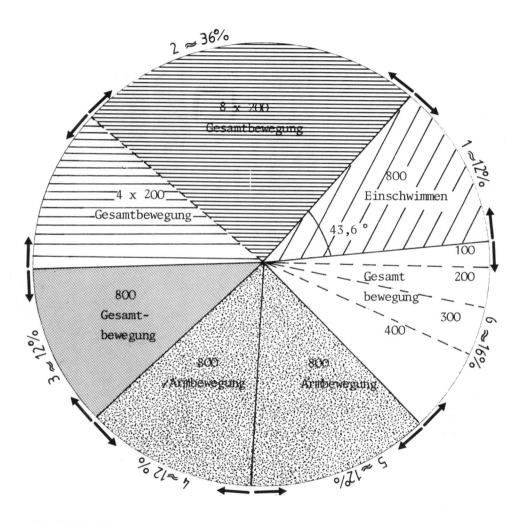

Abb. 78   Trainingseinheitenplan für Schwimmer (vgl. Abb. 75, S. 146) Bereich: Trainings-
inhalte.
Dargestellt wird die Nachmittagstrainingseinheit zu Saisonanfang, die Segmente 1—6 die
z. T. untergliedert sind, stellen die Trainingsinhalte dar.
Der Belastungsumfang von 6600 m entspricht 100%.
Rechenbeispiel: Trainingsinhalt 1 = 800 m Einschwimmen = 12,1% des Belastungsum-
fangs der Trainingseinheit (6600 ≙ 100%/800 ≙ x)
Der Kreissektor berechnet sich somit 12,1 x 3,6 = 43,6°

Beispiel 4:   Kombiniertes Kurven- und Flächendiagramm

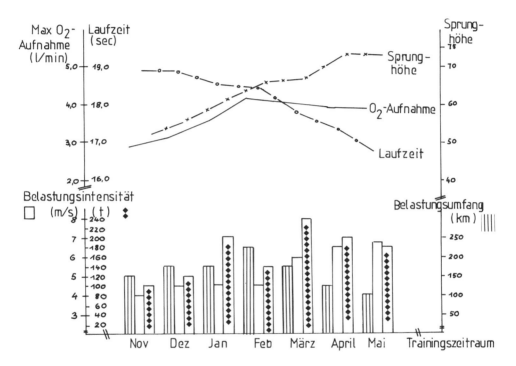

Abb. 79 *Graphische Darstellung von Belastungs- und Leistungskennziffern*
Dargestellt ist ein Ausschnitt des Konditionstrainings von Mehrkämpfern (fiktives Beispiel).
Es bedeuten:

|||| = *Kennwerte des Langzeitausdauerprogramms (km/Trainingsmonat);*

—— = *Max. O₂-Aufnahme (Mediz. Funktionsprüfung);*

▯ = *Kennwerte des Schnelligkeitsausdauerprogramms (durchschn. Laufgeschwin-*
digkeit von Tempoläufen);

o-o = *Laufzeit 150-m-Testläufe*

◆ = *Kennwerte des Maximal- und Schnellkraftprogramms (untere Extrem., Ton-*
nen/Monat);

x-x = *Sprunghöhe (Standhochsprungtest)*

Beispiel 5: Planung und Auswertung mit einem Protokollblatt

Name: _____ Trainingszeitraum: _____

Belastungsintensität in % der jeweiligen persönlichen Bestleistung (50 60 70 80 90 100)

Wiederholungen: geplant / durchgeführt

Trainingsinhalt / Nr. Bezeichn.	TE 1 Wdh. (gepl./durchg.)	TE 1 Trainingsleistung (Kp)	TE 2 Wdh.	TE 2 Tr.leistung	TE 3 Wdh.	TE 3 Tr.leistung	TE 4 Wdh.	TE 4 Tr.leistung	TE 5 Wdh.	TE 5 Tr.leistung	Kp pro Trainingsinhalt
1 – Kniebeuge vorn, Bestleistung (Kp) 150	10 / 10	1200	10 / 10	1200	20 / 20	1800	10 / (8)	1080	15 / 15	1350	6630
2 – Bank-drücken, Bestleistung (Kp) 130	10 / (9)	1053	10 / 10	1040	5 / (3)	390	10 / 10	1170	15 / 15	1170	4823
3 – Hantelziehen (ab Kasten), Bestleistung (Kp) 100	15 / 15	1050	10 / (13)	1040	20 / 20	1200	20 / 20	1000	15 / 15	900	5190
4 – Kastensteigen (mit Hantel), Bestleistung (Kp) 120	15 / 15	1440	10 / 10	960	20 / 20	1440	10 / (8)	864	20 / (25)	1800	6504
5 – Rumpfbeugen (mit Hantel), Bestleistung (Kp) 80	20 / (25)	1200	10 / (15)	960	20 / (15)	720	10 / (7)	504	20 / (23)	1104	4488
Kp pro Trainingseinheit		5943		5200		5550		4618		6324	27635

Abb. 80 Belastungsplanung und Auswertung
Dargestellt ist der Bereich der Planung und Auswertung der Belastungsintensität eines (fiktiven) Mikrozyklus im Krafttraining — Mehrkampf.
Die tab. Aufbereitung erlaubt den kurzfristigen Soll-Ist-Wert-Vergleich (Planabweichungen sind durch ◯ bzw. ⚙ gekennzeichnet).

**Arbeits-
anregung 14**

Erstellen Sie unter Verwendung graphischer Darstellungsformen

a) einen sportartspezifischen Mikrozyklus

b) einen leistungsniveauspezifischen Belastungsplan für eine Trainingseinheit

Bereiten Sie die Beispiele tabellarisch auf und führen Sie einen Soll-Ist-Wert-Vergleich durch.

6.2 Zur Verwendung von Checklisten

Checklisten können als Kontroll- bzw. Prüflisten in vielfältiger Weise den Trainer bei der Planung und Organisation des Trainings- und Wettkampfprozesses entlasten.

Einführung

Im Vorfeld der Trainingsplanung erweisen sie sich als Hilfe bei der Aufschlüsselung der zu planenden Vorgänge. In Form gegliederter Stoffsammlungen zu umgrenzten Problembereichen stellen sie eine ,,schriftliche Gedächtnisstütze" dar.

Checklisten sollten auch aus konstruierten Trainingsplänen abgeleitet werden, sie dienen dann der detaillierten Planumsetzung. Für die Erstellung von Checklisten kann kein einheitlicher Verfahrensvorschlag unterbreitet werden. Sie sind als spezifisches, auf die spezielle Problematik abzustimmendes, erfahrungsabhängiges Hilfsmittel (,,offene Listen") für die planerische Tätigkeit des Trainers anzusehen.

Aus der Vielzahl der mit Hilfe von Checklisten strukturierbaren Planungsprobleme werden im folgenden ein mehr übergreifendes Beispiel, die ,,Checkliste zu Aspekten planerischer Arbeit eines Sportdirektors", und zwei Beispiele zum sportartspezifischen Bereich der Wettkampfvorbereitung und -organisation dargestellt.

Überblick

Die der Literatur entnommenen Beispiele sollen zur Erstellung eigener, spezifischer Checklisten anregen.

Beispiel 1:

Checkliste zu Aspekten planerischer Arbeit eines Sportdirektors (94)

August

— Überarbeite die Arbeitsaufträge für die Trainer

— Melde die (Honorar-)Trainer dem Verband

— Überprüfe die Aufträge für Gerätelieferungen

— Erarbeite Prüfungsbogen für die Lehrgänge des nächsten Jahres

— Überprüfe den Plan der angemieteten Trainingsstätten

— Bereite die individuellen Anschreiben für die Jahrestrainingspläne vor

— Bereite Instruktions- und Arbeitsmaterial für die Trainer vor
— Stimme die Termine der leistungsdiagnostischen Untersuchungen ab
— Überprüfe Versicherungsunterlagen, Spielerpässe etc.
— Überprüfe den Wettkampfterminplan
— Knüpfe Kontakte mit Trainings- und Wettkampfpartnern
— Stelle das Team für die Durchführung der Heimwettkämpfe zusammen (Sprecher, Kassierer, Ordner, Zeitnehmer . . .)
— Bereite den Fahrdienst für Training und Wettkampf vor
— Organisiere Spenden
— Stimme die Lehrgangstermine mit den (Heim-)Trainern ab
— Bereite die Checkliste für die Wettkampftage/Turniere vor
— . . .

September

— Stelle das Team für die Durchführung der Heimwettkämpfe zusammen
— Bereite Pressemitteilungen vor
— Bereite Anschreiben und Informationsmaterial für Schulen und Vereine vor
— Stimme Termine und Inhalte der Prüfungslehrgänge mit den Referenten ab
— . . .

Oktober

— Bereite die Trainingspläne für das nächste Jahr vor
— Organisiere die Regenerationsmaßnahmen des nächsten Jahres
— Bereite Auswertungsgespräche mit Trainern und Sportwissenschaftlern vor
— . . .

November

— Bereite Pressemitteilungen vor
— Koordiniere die Auswertung der Trainingsdaten
— Bereite Urkunden, Preise, Embleme etc. für die Wettkämpfe des nächsten Jahres vor
— Überprüfe den Fahrdienst für Training (und Wettkampf)
— Präzisiere die Trainingspläne des nächsten Jahres
— . . .

Beispiel 2:

Checkliste für die Vorbereitung, Durchführung und Nachbereitung eines Turniers im Ringen (95)

A Turniervorbereitung

1. Finde einen zugkräftigen Namen für das Turnier
2. Bilde ein Organisationskomitee
3. Stimme die Termine ab
4. Lade die Teilnehmer ein
5. Stecke den Finanzrahmen ab
6. Setze Eintrittspreise, Meldeschluß etc. fest
7. Verschicke erste Informationsunterlagen an Trainer und Aktive
8. Organisiere die Turnierpreise
9. Organisiere die Siegerehrung
10. Erarbeite den Turnierplan
11. Organisiere den Einsatz des Betreuungspersonals (Arzt, Sanitäter, Masseur, Küchenpersonal . . .)
12. Überprüfe die Trainings- bzw. Wettkampfausrüstung
13. Lege die Anzahl der Helfer fest
14. Starte die Werbekampagne
15. Überprüfe Wettkampfstätte, Plakate, Karten, Protokolle . . .
16. Organisiere die Aufsicht über Trainings- und Wettkampfstätten
17. Informiere die örtliche Polizei, Verwaltung etc.
18. Sorge für Park- und Transportmöglichkeiten
19. Bereite das Rahmenprogramm für Wettkämpfe, Betreuer und Zuschauer vor
20. . . .

B Vorbereitung in der Vorwettkampfwoche

1. Treffe Dich mit Deinen Mitarbeitern und Helfern
2. Schließe die Arbeiten an den Vorlagen für das Programmheft ab (Grußwort, Teilnehmerliste, Zeitplan, Sponsoren . . .)
3. Aktiviere die Werbung (Handzettel, Plakate, Lautsprecherwagen etc.)
4. Überprüfe die Turnierunterlagen (Wettkampfprotokoll, Kampfrichterunterlagen . . .)
5. Überprüfe die Waage
6. Überprüfe die Anzeigetafel
7. Organisiere Empfang und Betreuung der Teilnehmer (Begrüßung, Rundgang, Raumzuweisung . . .)

8. Bereite Wettkampfunterlagen für Trainer und Betreuer vor (Eintrittskarten, Lageplan, Zeitplan etc.)
9. Gestalte den Eingang zur Wettkampfstätte (Bilder, Zeitplan . . .)
10. Weise die Helfer ein; sorge für qualifizierte Ersatzleute
11. Organisiere Turnierleitung und Kampfgericht
12. Überprüfe die Verfügbarkeit der Helfer und Mitarbeiter (Zeitnehmer, Schiedsrichter, Bote, Programmverkäufer, Sekretärin, Telefonistin, Fotograf, Sanitäter, Mannschaftsarzt, Küchen- und Standpersonal . . .)
13. Kennzeichne Zuschauerbereich und Wettkampfbereich
14. Organisiere Stände für Preise, Erfrischungen . . .
15. Überprüfe die Geräte (Podest für Siegerehrung, Stoppuhren, Matten, Schreibmaschinen, Stühle, Verbandsmaterial . . .)
16. Überprüfe die Beschilderung der Trainings- und Wettkampfanlagen
17. Erläutere der Turnierleitung Eröffnungszeremonie und Durchführungsmodalitäten
18. Verschicke die Pressekarten
19. Bereite Abschlußfeier, Abendessen etc. vor
20. . . .

C Turniernachbereitung

1. Organisiere Geräteabbau, Hallenreinigung, Gerätetransport etc.
2. Verschicke sobald als möglich Ergebnislisten, Bilder etc. an Presse, Rundfunk, Fernsehen, Trainer, Verband, Sponsoren u. a.; bereite das Turnier schriftlich nach
3. Bedanke Dich bei Deinen Helfern und Mitarbeitern
4. Erstelle die Abrechnung, bezahle die noch offenstehenden Rechnungen
5. Triff Dich zu einem Abschluß-Auswertungsgespräch mit Deinem Organisationskomitee
6. . . .

Beispiel 3:

Liste der begleitenden Maßnahmen im Abschnitt der unmittelbaren Wettkampfvorbereitung (96)

— Listenführung, den nächsten Gegner ausrechnen
— Offizielle Wettkampflisten besorgen, Informationen über die Wettkampforganisation und mögliche Veränderungen

— Die nächste Startzeit berechnen, den Zeitraum berechnen, in dem das Aufwärmprogramm zu beginnen hat
— Auf den Wettkampf abgestimmte Handlungen einleiten (medizinische, physiotherapeutische, psychologische Hilfen, Informationen über den Gegner etc.)
— Ernährung (Was? Wo? Wann?)
— Trainingsmöglichkeiten vor und während der Wettkämpfe
— Ballspielmöglichkeiten
— Saunamöglichkeiten
— Medizinische Geräte
— Freizeitprogramme
— Busfahrten (ggf. Chartern eines privaten Pkw's)
— Restaurant
— Eintrittskarten für andere Wettbewerbe besorgen
— Fernsehgeräte besorgen
— Zusätzliche Einrichtungsgegenstände für die Zimmer besorgen
— Für Obst in den Unterkünften sorgen
— Teeküche einrichten, Zusatzverpflegung (Kohlehydrate)
— Kontaktpflege zu befreundeten Nationen, Athleten, Kampfrichtern
— Kontaktpflege der Beobachtergruppe zu Gruppen des Gastlandes und zum Ordnungspersonal
— Zimmerverteilung, Wohneinheiten
— Ordnungsdienst, Trockenraum für Schwitzkleider.

Aufgabe 11

Numerieren Sie die letzte Checkliste durch und ordnen Sie die Maßnahmen unter zeitlichen Aspekten
a) Tage bis Wochen vorher
b) am Tag vor Wettkampfbeginn
c) am Wettkampftag

**Arbeits-
anregung 15**

Erstellen Sie eine Checkliste zur Planung eines folgenden Ereignisses:
a) Trainingslager
b) Trainerweiterbildungsseminar
c) Presseseminar
d) Qualifikationswettkampf

6.3 Anmerkungen zur Netzplantechnik

In letzter Zeit wird versucht, die Netzplantechnik, ein Verfahren zur Planung und Steuerung von Projekten, das seit längerem in Wirtschaft und Industrie im Einsatz ist, auch im Leistungs- und Hochleistungssport anzuwenden (97).

Die Netzplantechnik gliedert sich allgemein in die Teile **Ablaufplanung, Zeitplanung** und **Kapazitäts- und Kostenplanung.** Sie weist als planungsmethodisches Hilfsmittel beispielsweise gegenüber Balken- und Termintabellen einige Vorzüge auf (98):

— Sie zwingt zum systematischen Durchdenken des Trainingsprozesses. Der Trainer muß die zu planenden Problembereiche/Planbestandteile wie z. B. länger- und kurzfristige Belastungsplanung, Leistungsdiagnoseplanung etc., die in der Netzplantechnik mit ,,Vorgänge" bezeichnet werden, in ihrer Folge und Dauer vorher festlegen;

— sie zwingt zu möglichst exaktem Terminieren der ,,Vorgänge", weist auf mögliche Zeitreserven einerseits, mögliche zeitliche Engpässe andererseits hin;

— sie erleichtert die Nachvollziehbarkeit der einzelnen Planungsschritte und den Datenaustausch auch für nicht unmittelbar am Trainingsprozeß Beteiligte.

Die Erstellung eines Netzplanwerks mit den einzelnen Arbeitsschritten

1. Ablaufplanung

A Analyse der „Projektstruktur" (z. B. „Projekt" Trainingsprozeß)

B Aufstellung der „Vorgangsliste" (Checkliste)

C Festlegung der Abhängigkeit (z. B. welche Trainingsmaßnahme folgt unmittelbar bzw. geht unmittelbar voran?)

D Zeichnung des Netzplans.

2. Zeitplanung

A Festlegung der Vorgangsdauer (z. B. Dauer der Wettkampfperiode)

B Festlegung der Zeitabstände (z. B. zwischen zwei Testwettkämpfen)

C Ermittlung von Zeitreserven sog. „Pufferzeiten" (z. B. Zeitspanne zwischen frühest- und spätmöglichstem Beginn eines Konditionslehrgangs)

D Terminierung (d. h. Einarbeitung der konkreten Kalenderdaten in den Netzplan)

und

3. Erarbeiten von Feinnetzplänen

ist vergleichsweise zeit- und arbeitsaufwendig. Für relativ überschaubare, häufig wiederkehrende Planungsprobleme sollte der Netzplan als eines von mehreren planungsmethodischen Hilfsmitteln herangezogen werden.

Planerische Kreativität und Flexibilität kann und will er jedoch nicht ersetzen.

7. Anhang

7.1 Lösungen zu den im Text gestellten Aufgaben

Aufgabe 1, S. 16

1. Übergeordnete Trainings-/Wettkampfziele
2. Langfristige Belastungsvorgaben
3. Anzahl der Trainingeinheiten pro Woche
4. Leistungsdiagnostische Verfahren

Aufgabe 2, S. 24

1. ,,Neulernen" (oder ,,Automatisieren") nicht nach erschöpfendem Konditionstraining!
2. Schnelligkeits- oder Schnellkrafttraining gleich nach dem Aufwärmen!
3. Nach anaerobem Ausdauertraining genügend Zeit zur Wiederherstellung lassen!
4. In der Wettkampfperiode Trainingseinheiten auf den Belastungshöhepunkt ,,Wettkampf" ausrichten!

Aufgabe 3, S. 39

Planungsinhalt	Mehr	Weniger
Spezielle Trainigsbelastung		x
Spezialübungen		x
Allgemeine Trainingsübungen	x	
Spiele	x	
Sauna, Massage	x	

Aufgabe 4, S. 46

a) Bankdrücken, Differenzsprung, Dreierhopp, Kugelschocken, . . .
b) Distanzläufe (z. B. Cooper-Lauf), Stufentest, Kastenhüpfen, . . .
c) 20-m-Sprint, Japan-Test, Pendel-Sprint, . . .

Aufgabe 5, S. 52

Trainingsziel	Biologisches System	Wiederherstellungsdauer
Schnelligkeit	ATP, Kreatinphosphat	kurz (Sekunden bis Minuten)
Ausdauer	Glykogen	mittel (ca. 10 Min. bis einige Stunden)
Kraft	Enzyme, Strukturproteine	lang (mehrere Stunden bis Tage)

Aufgabe 6, S. 57

Lockerungsübungen,	Wechseldusche
Auslaufen, -schwimmen, . . .	Massage
Elektrolytgetränk	Sauna
Kohlehydrate	Autogenes Training
Mineralien	. . .
Vollbad	

Aufgabe 7, S. 64

Planungsziele	Grundlagentrain.	Aufbautraining
Belastungsverträglichkeit	xx	x
Konditionelles Element	xx	x
Technomotorisch/koordinative Leistungsfaktoren	xx	x
Belastungsbereitschaft	xx	x
Kenntnisvermittlung	xx	x
Konditionsoptimierung, sportartspezifische	x	xx
Technikoptimierung	x	xx
Taktikvervollkommnung	x	xx
. . . . . .		

Aufgabe 8, S. 71

Regelmäßigkeit, Kurzfristigkeit, ,,So komplex wie möglich, so elementar wie nötig", einfache Auswertbarkeit, möglichst mit anderen Beobachtungsverfahren im inhaltlichen und (engen) zeitlichen Zusammenhang stehen, möglichst rückwirkungsfrei (d. h., Trainings- und Wettkampfprozeß nur gering [bzw. nicht] störend), . . .

Aufgabe 9, S. 126

1. Mikrozyklus: 24,5 Stunden = 100%
   1. Kraft: 6,5 Stunden = 26,5%
   2. Wiederherstellung: 3,5 Stunden = 14,3%

2. Mikrozyklus: 21 Stunden = 100%
   3. Sprintarbeit: 1,5 Stunden = 7,1%
   4. Ausdauer: 6 Stunden = 28,6%

Aufgabe 10, S. 134

1. 5200 m
2. Gesamtmeterzahl = 32950 m, 5200 m = 15,8%

Aufgabe 11, S. 160

1. 2, 4, 5, 6, 7, 8, 9, 10, 11, 12, 13, 14, 15, 17, 18, 19, 20, 21
2. 2, 4, 5, 6, 11, 12, 16, 18
3. 1, 2, 3, 4, 5, 6, 7, 8, 9, 11, 12, 16, 17, 18, 19

7.2 Anmerkungen

(1) In Anlehnung an THIESS 1980
(2) Vgl. dagegen THIESS/SCHNABEL 1986, 105 und 120, wo Makrozyklus etwas längerfristiger definiert und mit ,,Periodenzyklus'' gleichgesetzt wird
(3) LETZELTER 1978, 76
(4) nach LETZELTER 1978, 75
(5) MARTIN 1980, 122 ff.
(6) MARTIN 1980, 25
(7) In Anlehnung an LETZELTER 1978, 67
(8) LETZELTER 1978, 76; MARTIN 1980, 48
(9) HARRE 1979, 104
(10) LETZELTER 1978
(11) BAUERSFELD/SCHRÖTER 1979
(12) KALININ/OSOLIN 1975; vgl. dazu auch BERGER 1985
(13) ebenda, 234
(14) MARTIN 1980, 55 bzw. 61
(15) HERCHER 1978, 154
(16) STARISCHKA/TSCHIENE 1977, 278
(17) MARTIN 1980, 29
(18) MARTIN 1980, 39
(19) BAUERSFELD/SCHRÖTER 1979, 52; vgl. dazu auch THIESS/SCHNABEL 1986, 168 f.
(20) JAKOWLEW 1977, 94
(21) modifiziert nach JAKOWLEW 1977, aus: GROSSER/STARISCHKA/ZIMMERMANN 1981, 12
(22) JAKOWLEW 1977, 94
(23) FINDEISEN/LINKE/PICKENHAIN 1976, 212
(24) ebenda, 211 f.
(25) LETZELTER 1978, 44
(26) HARRE 1979, 80
(27) LETZELTER 1980, 53
(28) STARISCHKA 1981
(29) WERCHOSHANSKIJ aus TSCHIENE 1972, 171, modifiziert
(30) FLECK, in HARRE 1979, 223 ff.
(31) LETZELTER 1978, 59
(32) MARTIN 1980, 73
(33) BAUERSFELD/SCHRÖTER 1979, 41 geändert nach SCHRÖTER 1976

(34) BAUERSFELD/SCHRÖTER 1979, 42f.
(35) BAUERSFELD/SCHRÖTER 1979, 40
(36) ebenda
(37) MARTIN 1980, 149 unter Bezug auf HARRE 1975, 59
(38) MARTIN 1980, 204
(39) GROSSER/BRÜGGEMANN/ZINTL 1986, 81
(40) ebenda, 80
(41) ebenda, 82
(42) ebenda, 81
(43) KÖRNER/SCHWANITZ 1985, 216
(44) NOLTE 1986, 41
(45) MARTIN 1980, 14ff.
(46) ebenda, gekürzt
(47) SCHÖNBORN 1984, 216
(48) KÖRNER/SCHWANITZ 1985, 215
(49) nach KREJER 1980
(50) nach ZMAREW/LEONENKO 1980
(51) FRIEDRICH/BRÜGGEMANN 1981, 49
(52) WILKE/MADSEN 1983, 217
(53) BERGMANN 1981, 222f.
(54) JARVER 1983, 1026
(55) GLESK 1981, 133
(56) BORRMANN 1978, 331
(57) HERCHER 1978, 163
(58) GROSSER/BRÜGGEMANN/ZINTL 1986, 68
(59) FRIEDRICH/BRÜGGEMANN 1981, 50
(60) BAUERSFELD/SCHRÖTER 1984, 105
(61) HIRSCH 1974, 158
(62) RACHMANLIEV/HARNES 1985, 24ff.
(63) GROSSER/ZIMMERMANN/EHLENZ 1985, 310
(64) LEVČENKO 1982, 17
(65) POLOVZEV/CISHIK 1981, 291
(66) MESECK/HERWIG 1987, 29
(67) COUNSILMAN 1980, 18f.
(68) HARRE 1979, 265
(69) BECK 1980, 192
(70) nach AROSJEW/MATWEJEW 1977, aus: TSCHIENE 1980
(71) GROSSER/BRÜGGEMANN/ZINTL 1986, 71
(72) BERGER/MINOW 1985, 376
(73) ebenda, 381
(74) SAVIN 1984, 8
(75) WAGNER 1981, 142
(76) TSCHIENE 1985, 10
(77) MARTIN 1980, 121
(78) MARTIN 1980, 122
(79) MARTIN 1980, 116
(80) BORRMANN 1978, 332
(81) MARTIN 1980, 118
(82) FRIEDRICH/BRÜGGEMANN 1981, 52ff.
(83) COUNSILMAN 1980, 32f.

(84) WILKE/MADSEN 1983, 222

(85) ebenda, 223

(86) THIELE 1981, 135 f.

(87) CZINGON 1981, 160 f.

(88) nach STEINMETZ 1981, 189 f.

(89) BRACK 1986, 119

(90) WOLF 1982, 50 f.

(91) SCHÖNBORN 1984, 220

(92) ebenda, 221

(93) Wassertraining nach M. Spitz; aus: COUNSILMAN, 1980, 46 ff.

(94) nach GONSALVES, 1979

(95) nach BROWN, 1980

(96) OSTERMANN, 1980, 210 ff.

(97) vgl. z. B. SCHMENKEL/SCHUMACHER 1975, SCHMENKEL 1977

(98) vgl. SCHMENKEL/SCHUMACHER, 1975, 476 f.

7.3 Literaturverzeichnis

AUGUSTIN, D.; MÜLLER, N. (Red.): Leichtathletiktraining im Spannungsfeld von Wissenschaft und Praxis. Niedernhausen 1981.

BAUERSFELD, K.-H./SCHRÖTER, G. (Ltg.): Grundlagen der Leichtathletik. Berlin 1979[3].

BECK, E.: Steuerung der Leistung durch Wettkämpfe und Qualifikationen. In: Leistungssport 10 (1980) 3, 190—198.

BERGMANN, W.: Trainingsplanung im Zehnkampf bei einem Weltklasseathleten. In: AUGUSTIN, D./MÜLLER, N. 1981, 216—224.

BERGER, J.: Die Wettkampfbelastung — Voraussetzungen und Probleme der sportlichen Leistungsentwicklung. In: Theorie, Praxis, Körperkultur 34 (1985), 10, 772—778.

BERGER, J./MINOW, H. J.: Der Mesozyklus in der Trainingsmethodik. In: Theorie, Praxis, Körperkultur 34 (1985), 5, 373—381.

BORRMANN, G. (Ltg.): Gerätturnen. Berlin 1978.

BRACK, R.: Angewandte Aspekte der Ziel- und Belastungsplanung im Sportspieltraining. In: LETZELTER, H./STEINMANN, W./FREITAG, W. (Red.): Angewandte Sportwissenschaft. Clausthal-Zellerfeld 1986 (dvs Nr. 21), 116—121.

BROWN, C.: Before-, during- and after-checklist for wrestling tournaments. In: Scholastic coach 1980, 1, 36, 38, 109.

COUNSILMAN, J. E.: Handbuch des Sportschwimmens für Trainer, Lehrer und Athleten. Bockenem 1980.

CZINGON, H.: Die Trainingswoche anhand ausgewählter Beispiele im Stabhochsprung. In: AUGUSTIN, D./MÜLLER, N. 1981, 158—162.

FINDEISEN, D. G. R./LINKE, P. G./PICKENHAIN, L.: Grundlagen der Sportmedizin für Studenten, Sportlehrer und Trainer. Leipzig 1976.

FRIEDRICH, E./EHRICH, D.: Zur Verbesserung der Trainingssteuerung im Hochleistungssport — Zum System der individuellen integrierenden Leistungsdiagnose. In: Leistungssport 9 (1979), 2, 138—140.

FRIEDRICH, E./BRÜGGEMANN, P.: Gerätturnen 2. Reinbek 1981.

GEGGUS, R.: Kurz- und mittelfristige Planung im Frauenbasketball zur Erreichung der Endrunde um die Deutsche Meisterschaft der Frauen in der Saison 1982/83. In: Leistungssport 12 (1982), 1, 53—58.

GLESK, P.: Darstellung von Mikrozyklen für das Frauen-Sprinttraining. In: AUGUSTIN, D./MÜLLER, N. 1981, 125—133.

GONSALVES, D.: Checklist for the organized A. D. In: Scholastik coach 1979, 12—44, 47.

GROSSER, M.: Ein Modell zum Training und seiner Komponenten. In: Leistungssport 9 (1979) 5, 357—360.

GROSSER, M./ZIMMERMANN, E.: Aspekte der biologischen Adaptation. In: Leistungssport 11 (1981) 4, 245—259.

GROSSER, M./ZIMMERMANN, E./EHLENZ, H.: Zu den Voraussetzungen, Inhalten, Methoden, der Periodisierung und den Grenzen des Krafttrainings für Sprinter (100-m-Lauf). In: BÜHRLE, M. (Hrsg.): Grundlagen des Maximal- und Schnellkrafttrainings. Schorndorf 1985, 301—315.

GROSSER, M./BRÜGGEMANN, P./ZINTL, F.: Leistungssteuerung in Training und Wettkampf. München 1986.

GROSSER, M./STARISCHKA, S./ZIMMERMANN, E.: Konditionstraining. München 1987.

HARRE, D. (Gesamtred.): Trainingslehre. Einführung in die Theorie und Methodik des sportlichen Trainings. Berlin 1979.

HARRE, D.: Zu den Beziehungen zwischen Belastung und Erholung im mikrozyklischen Aufbau des Trainings der Ausdauersportarten. In: Theorie, Praxis, Körperkultur 33 (1984) 10, 767—772.

HERCHER, W. (Gesamtred.): Basketball, Berlin 1978.

HOHMANN, A.: Zu Struktur und Wirkung der Vorbereitungsperiode im Sportspieltraining. In: LETZELTER, H./STEINMANN, W./FREITAG, W. (Red.): Angewandte Sportwissenschaft. Clausthal-Zellerfeld 1986. 122—127.

JAKOWLEW, N. N.: Sportbiochemie. Leipzig 1977.

JARVER, J.: Aus aller Welt . . . In: Lehre d. Leichtathletik 34 (1983), 10, Nr. 21, 1025—1033.

KALININ, W. K./OSOLIN, N. N.: Zur Struktur der Wettkampfperiode. In: Leistungssport 5 (1975), 3, 231—234.

KÖRNER, T./SCHWANITZ, P. (Autorenkoll.). Rudern. Berlin 1985.

KREJER, V.: Die Periodisierung des langjährigen Trainings von Dreispringern. In: Die Lehre der Leichtathletik 31 (1980), Nr. 27, 28, 29.

LETZELTER, M.: Trainingsgrundlagen. Reinbek 1978, 1985.

LEVČENKO, A.: Das spezielle Krafttraining des Sprinters — Einsatz der Trainingsformen im Jahreszyklus. In: Leichtathletik-Magazin 2 (1982), 40, Nr. 35, 17 f.

LEWIN, G. (Ltg.): Schwimmsport. Berlin 1977.

MESECK, U./HERWIG, M.: Zur Konzeption der Trainingssteuerung und Wettkampflenkung im Squash. In: Leistungssport 17 (1987), 2, 29—32.

MARTIN, D.: Grundlagen der Trainingslehre. Teil I: Die inhaltliche Struktur des Trainingsprozesses. Schorndorf 1979.

MARTIN, D.: Grundlagen der Trainingslehre. Teil II: Die Planung, Gestaltung, Steuerung des Trainings und das Kinder- und Jugendtraining. Schorndorf 1982.

MATWEJEW, L. P.: Grundlagen des sportlichen Trainings. Berlin 1981.

NOLTE, V.: Trainingssteuerung — Voraussetzungen, Anwendung, Grenzen. In: Leistungssport 16 (1986), 5, 39—43.

OSTERMANN, H.: Die unmittelbare Olympiavorbereitung — Ringen. In: Leistungssport 10 (1980), 3, 206—212.

PÖHLMANN, R.: Möglichkeiten zur Effektivierung sportmotorischer Lernprozesse. Teil I: Lernaspekte im Bereich der Informationsaufnahme; Teil II: Informationsverarbeitung und Informationsspeicherung. In: Körpererziehung 27 (1977), 5, 197—204 und 27 (1977), 6, 268—278.

POLOVZEV, W. G./CISHIK, W. W.: Pädagogische Kriterien für die Optimierung des Trainings junger Radsportler. In: Leistungssport 11 (1981), 4, 288—293.

RACHMANLIEV, P./HARNES, E.: Aufbau der Vorbereitungsperiode für fortgeschrittene Speerwerferinnen. In: Leistungssport 15, (1985), 1, 23—27.

SAVIN, V. P.: Der Aufbau von Trainingsmikrozyklen in der Vorbereitungsperiode bei hochqualifizierten Eishockeyspielern. In: Hockey (russ.) Moskau 1984 (Übers. P. TSCHIENE).

SCHMENKEL, H./SCHUMACHER, G.: Trainingsplanung und -steuerung mit Hilfe der Netzplantechnik. In: Leistungssport 5 (1975), 6, 475—493.

SCHMENKEL, H.: Talentfindung mit Hilfe der Netzplantechnik. In: Leistungssport 7 (1977), 5, 363—378.

SCHNABEL, G.: Sportliche Leistung — ein Beitrag zur Terminologiediskussion. In: Theorie, Praxis, Körperkultur 29 (1980), 10, 780—787.

SCHÖNBORN, R.: Trainingstheoretische Gesichtspunkte. In: GABLER, H./ZEIN, B. (Red.): Talentsuche und Talentförderung im Tennis. Ahrensburg 1984, 210—226.

SCHRÖTER, G.: Zur Weiterentwicklung des Systems der Übungen in der Leichtathletik. In: Wiss. Zeitschr. d. DHfK Leipzig 17 (1976), 1, 115—128.

STARISCHKA, S./TSCHIENE, P.: Anmerkungen zur Trainingssteuerung. In: Leistungssport 7 (1977), 4, 275—281.

STARISCHKA, S.: Überlegungen zur Leistungsdiagnostik aus sportwissenschaftlicher Sicht. In: Leistungssport 11 (1981), 5, 340—349.

STEINMETZ, K.: Ausgewählte Mikrozyklen eines Hochleistungstrainings im Diskus (Männer). In: AUGUSTIN, D./MÜLLER, N. 1981, 186—192.

TANCIC, D.: Zur Trainingsplanung von Top-Hoch-Springern. In: AUGUSTIN, D./MÜLLER, N. 1981, 163—171.

THIELE, W.: Darstellung von Mikrozyklen im Sprint der Männer. In: AUGUSTIN, D./MÜLLER, N. 1981, 134—136.

THIESS, G./SCHNABEL, G./BAUMANN, R. (Gesamtred.): Training von A—Z. Berlin 1980.

THIESS, G./SCHNABEL, G. (Autorenkoll.): Grundbegriffe des Trainings. Berlin 1986.

TSCHIENE, P.: Grundsätze und Tendenzen des Krafttrainings von Werfern und Stoßern der höchsten Leistungsklasse. In: Leistungssport 2 (1972), 3, 166—182.

TSCHIENE, P.: Zum Problem der Periodisierung des Kinder- und Jugendtrainings (Manuskript 1980, unveröff.).

TSCHIENE, P.: Veränderungen in der Struktur des Jahrestrainingszyklus. In: Leistungssport 15 (1985), 5, 5—12.

WAGNER, P.: Trainingsplanung im Mittelstreckenlauf der Frauen. In: AUGUSTIN, D./MÜLLER, N. 1981, 140—145.

WEINECK, J.: Sportbiologie. Erlangen 1986.

WILKE, K./MADSEN, O.: Das Training des jugendlichen Schwimmers. Schorndorf 1983.

WOLF, S.: Der Mikrozyklus als steuerndes Instrument der Trainingsplanung am Beispiel des Sportspiels Volleyball. In: Leistungssport 12 (1982), 1, 48—52.

ZMAREW, N./LEONENKO, J.: A long range plan for 800 metres. In: Modern athlete and coach 1980, 4, 11—13.

Weiterführende Literatur

BAUERSFELD, K. H./SCHRÖTER, G. (Ltg.): Grundlagen der Leichtathletik. Berlin 1986, besonders S. 28—117.

FINDEISEN, D. G. R./LINKE, P.-G./PICKENHAIN, L.: Grundlagen der Sportmedizin für Studenten, Sportlehrer und Trainer. Leipzig 1976, bes. S. 210—251.

JAKOWLEW, N. N.: Sportbiochemie. Leipzig 1977, bes. S. 80—157.

Leistungssport. Zeitschrift zur Fortbildung von Spitzentrainern. Übungsleitern und Sportlehrern — zur Information von Sportlern und Sportstudenten. Frankfurt/Berlin (ab 1971).

MARTIN, D.: Grundlagen der Trainingslehre. Teil I: Die inhaltliche Struktur des Trainingsprozesses. Schorndorf 1979.

SCHMENKEL, H./SCHUMACHER, G.: Trainingsplanung und -steuerung mit Hilfe der Netzplantechnik. In: Leistungssport 5 (1975), 6, 475—493.

7.4 Verzeichnis der Abbildungen

Abb. 1, S. 11: Trainingsplantypen

Abb. 2, S. 23: Belastungsgrad eines Mikrozyklus hinsichtlich Gesamt-, Umfangs- und Intensitätsbelastung (Beispiel: Sprinttraining in der speziellen Vorbereitungsperiode) mit Angabe der Trainingsziele

Abb. 3, S. 26: Modelle der Gliederung einer Trainingseinheit

Abb. 4, S. 29: Beispiel eines Trainingsmodells einer standardisierten TE zum Sammeln von Bewegungserfahrungen, zur Schulung der Anfangskraft mit nachgebender Arbeit und der Maximalkraft mit funktionalstatischer (isometrischer) Arbeit für jugendliche Skispringer und nordisch Kombinierte in der Vorbereitungsperiode

Abb. 5, S. 30: Planung im langjährigen Trainingsprozeß

Abb. 6, S. 32: Periodisierungsmodelle

Abb. 7, S. 34:   Struktur der Vorbereitungsperiode
Abb. 8, S. 37:   Struktur der Wettkampfperiode
Abb. 9, S. 40:   Grundsystem der Periodisierung der zentralen Spiel-
klassen der Erwachsenen — Basketball — WP I: 1.
Halbserie der Punktspiele; WP II: 2. Halbserie der
Punktspiele; WP III: Pokalspiele, Internationale Spiele
Abb. 10, S. 41: Idealtypische Periodisierungsmodell für den Hochlei-
stungssport
Abb. 11, S. 44: Planungsphasen und Arbeitsschritte (mittel- und
kurzfristiger Trainingsplanung)
Abb. 12, S. 47: Beispiel einer Deduktion der Trainingsziele auf den
verschiedenen Zielebenen
Abb. 13, S. 48: Ausgewählte Trainingsprinzipien
Abb. 14, S. 50: Veranschaulichungsschema der biologischen Anpas-
sung (Superkompensation) — gilt insbesondere für
die Prozesse der Glykogendepotvergrößerung
Abb. 15, S. 51: Unterschiedliche Zeitkonstanten der Rückkehr funk-
tioneller Größen zur Norm und des Verlaufs der Über-
kompensationsphasen
Abb. 16, S. 52: Leistungszuwachs bei wiederholter hoher Belastung
unterschiedlich rasch adaptierender funktioneller
Systeme
Abb. 17a—e,
S. 53: Belastungs- und Erholungsmodelle
Abb. 18, S. 58: Das ,,Prinzip der progressiven Belastung" und die
,,nichtlineare" Leistungssteigerung
Abb. 19, S. 61: Reihenfolge der Trainingsinhalte (besonderes
Sprungübungen) zur Entwicklung der Sprungkraft
Abb. 20, S. 68: Schematische Darstellung des Systems der Übungen
Abb. 21, S. 72: Grobübersicht über gängige leistungsdiagnostische
Verfahren im Hochleistungssport
Abb. 22, S. 74: Trainingsdokumentation Hochsprung Frauen
Abb. 23, S. 75: Tagestrainingsprotokoll Gerätturnen
Abb. 24, S. 76: Schema zum Erfassen wichtiger Kennziffern in einem
Trainingsprotokoll (Rudern)
Abb. 25, S. 77: Trainingsprotokoll Rudern (Jahr 1984/85)
Abb. 26, S. 80: Rahmenplan des Deutschen Skiverbandes; Biathlon,
Jugend I (15/16 Jahre)
Abb. 27, S. 84: Entwicklungswürfel für jugendliche Tennisspieler bis
zum achtzehnten Lebensjahr
Abb. 28, S. 85: Ziel- und Aufgabenstellungen für die Ausbildung der
Sportler in ausgewählten Trainingsabschnitten (Rudern)
Abb. 29, S. 86: Beispiel Mehrjahrestrainingsplan, Dreispringer
Abb. 30, S. 88: Mehrjahrestrainingsplan für 800-m-Läufer
Abb. 31, S. 89: Beispiel eines Mehrjahresplan (Gerätturnen)
Abb. 32, S. 90: Rahmenplan für die zeitliche Gliederung des Trai-
ningsjahrs im mehrjährigen Trainingsaufbau
(Schwimmen)
Abb. 33, S. 91: Mehrjährige Soll-Ist-Wert-Gegenüberstellung ausge-
wählter Leistungsfaktoren
Abb. 34, S. 93: Mehrjahrestrainingsplan, Teilbereich Leistungsdia-
gnose; Perspektivplan für einen Trainingszeitraum
von mehr als 3 Jahren (Stufe Hochleistungstraining)
Abb. 35, S. 94: Orientierungswerte für ausgewählte Einflußgrößen;
Stabhochsprung (längerer Trainingszeitraum)

Abb. 36, S. 94: Zeitliche Verteilung motorischer Tests innerhalb des Trainingsjahres 1979/80 von tschechoslowakischen Spitzensprinterinnen über 100 und 200 m

Abb. 37, S. 97: Jahrestrainingsplan mit doppeltem Jahreszyklus (Gerätturnen)

Abb. 38, S. 98: Jahrestrainingsplan — Basketball

Abb. 39, S. 99: Jahresperiodisierung im Leistungsfußball

Abb. 40, S. 100: Zweizyklischer Jahrestrainingsplan (Gerätturnen)

Abb. 41, S. 101: Schema einer Jahreskennziffern-Planung (Leichtathletik, Nachwuchstraining)

Abb. 42, S. 102: Jahrestrainingsplan für die DLV-Langstreckler

Abb. 43a—e,
       S. 103: Jahresplan Speerwurf (Frauen)

Abb. 44, S. 105: Vorschlag einer Jahresperiodisierung im Krafttraining für Sprinter (100-m-Läufer)

Abb. 45, S. 106: Verteilung der Trainingsformen im Jahreszyklus (Sprint, Krafttraining)

Abb. 46, S. 107: Jahresplan 17—18jähriger Radsportler

Abb. 47, S. 108: Wettkampfsaison im Squash

Abb. 48, S. 109: Jahrestrainingsplan Schwimmen 1975/1976

Abb. 49, S. 111: Formblatt eines Jahrestrainingsplans. Er kann als Ausgangspunkt zur Erstellung eines individuellen Jahrestrainingsplans herangezogen werden

Abb. 50, S. 115: Aufbau der Wettkampfperiode aus Makrozyklen

Abb. 51, S. 116: Wettkampfperiodisierung Degen 1979/80

Abb. 52, S. 117: Das Pendelprinzip der Wettkampfvorbereitung

Abb. 53, S. 118: Möglichkeiten der Makrozyklusgestaltung am Beispiel des Krafttrainings

Abb. 54, S. 119: Makrozyklus Boxen (Ende Vorbereitungsperiode)

Abb. 55, S. 120: Struktur der Vorbereitungsperiode (Eishockey)

Abb. 56, S. 121: Makrozyklus in der speziellen Vorbereitungsetappe, Leichtathletik Frauen

Abb. 57, S. 122: Beispielhafte individuelle Trainingsstrukturen

Abb. 58, S. 124: 1. Mikrozyklus für leichteres Training im Skilanglauf — Nachwuchsbereich

Abb. 59, S. 125: 2. Mikrozyklus für schwereres Training im Skilauf — Nachwuchsbereich

Abb. 60, S. 127: Modell eines Mikrozyklus mit 10 Trainingseinheiten für Mittel- und Langstreckler

Abb. 61, S. 128: Modell eines Mikrozyklus mit zwei Belastungshöhepunkten

Abb. 62, S. 129: Mikrozyklus des Trainingsprogramms von Spitzenturnerinnen — Vorbereitungsperiode

Abb. 63, S. 130: Beispiel eines (fiktiven) Wochentrainingsplans (Kunstturnen)

Abb. 64, S. 133: Modell eines Mikrozyklus für das Lagenschwimmen

Abb. 65, S. 135: Beispiel eines Mikrozyklus (Schwimmen, Sprint)

Abb. 66, S. 136: Beispiel eines Mikrozyklus (Schwimmen, Langstrecke)

Abb. 67, S. 137: Mikrozyklus am Ende der Vorbereitungsperiode (Zyklus mit maximalem Belastungsgrad)

Abb. 68, S. 138: Mikrozyklus unmittelbar vor einem Hauptwettkampf

Abb. 69, S. 139: Mikrozyklus der Wettkampfperiode vor dem Saisonhöhepunkt — Stabhochsprung

Abb. 70, S. 140: Darstellung eines Stoßzyklus zur Vorbereitung auf das Europacup-Finale 1979 im Diskuswurf

Abb. 71, S. 141: Belastungsgrad und Verteilung der Trainingsinhalte eines Mikrozyklus im Handball (Wettkampfperiode)

Abb. 72a und
72b, S. 142: Belastungsstruktur, Trainingsschwerpunkte und Trainingsinhalte, Mikrozyklus Volleyball

Abb. 73, S. 143: Altersspezifische Aufteilung der Trainingsstunden im Mikrozyklus (Tennis, Nachwuchstraining)

Abb. 74, S. 145: Trainingseinheitenplan für Schwimmer

Abb. 75, S. 146: Trainingseinheitenplan für Schwimmer

Abb. 76, S. 150: Mehrjahrestrainingsplan für Dreispringer, Bereich: Wettkampf- und Testleistungen

Abb. 77, S. 151: Mehrjahrestrainingsplan für 800-m-Läufer, Bereich: Belastungsumfang

Abb. 78, S. 152: Trainingseinheitenplan für Schwimmer, Bereich: Trainingsinhalte

Abb. 79, S. 153: Graphische Darstellung von Belastungs- und Leistungskennziffern

Abb. 80, S. 154: Belastungsplanung und Auswertung

7.5 Wir raten zu lesen

HARRE, D. (Gesamtred.): Trainingslehre. Einführung in die Theorie und Methodik des sportlichen Trainings. Berlin 1986.

LETZELTER, M.: Trainingsgrundlagen. Reinbek 1985.

MARTIN, D.: Grundlagen der Trainingslehre. Teil II: Die Planung, Gestaltung und Steuerung des Trainings und das Kinder- und Jugendtraining. Schorndorf 1982.